Renate Kauffmann

Zwei Karten für den wilden Oskar

Erlebnisse einer unangepaßten Frau

R. BROCKHAUS

R. Brockhaus Taschenbuch Bd. 847

Umschlaggestaltung: Carsten Buschke, Solingen
Umschlagfoto: Dr. Müller – ZEFA, Düsseldorf
Gesamtherstellung: Breklumer Druckerei Manfred Siegel KG
ISBN 3-417-20847-5

INHALT

Für Mutti und Papa

Der Tag, an dem ich zum ersten Mal ein Manuskript fotokopierte

Ich war gerade dabei, meine Manuskripte zu sortieren, als Bastian, ein alter Freund, unerwartet zu Besuch kam.

»Bist du nun endlich zu der Einsicht gekommen, daß du mal einen Verlag anschreiben solltest?« fragte er.

Ich lächelte und sagte: »Bin ich nicht!«

»Renate, vielleicht solltest du dich mal fragen, ob du noch ganz dicht in der Birne bist. Du bist jetzt schon seit Jahren am Malochen, und wenn du eine Sache abgeschlossen hast, dann hast du nichts Besseres zu tun, als hübsche Ordner dafür zu basteln, um alles vor sich hingammeln zu lassen. Findest du das normal? Und glaubst du wirklich, daß das richtig ist?«

Ich stand auf, holte fünfzig Pfennig aus der Tasche, drückte sie ihm in die Hand und sagte: »Geh runter, steck die Münze in die Parkuhr und quatsche die voll.«

Das war zuviel des Guten. Sauer verließ er meine Wohnung.

Als er gegangen war, fühlte ich mich gar nicht gut. Bastian hatte hin und wieder ein paar Sachen von mir zu lesen bekommen und sie gut gefunden. Er meinte auch, daß ein Schriftsteller irgendwann mal eine Bestätigung in Form einer Veröffentlichung brauchte, doch ich war da ganz anderer Meinung. Außerdem fand ich die meisten meiner Geschichten viel zu persönlich, um sie einfach wildfremden Menschen zu schicken. Nur ab und zu hatte ich Momente, in denen ich mich fragte, wozu ich das alles überhaupt machte. Dann dachte ich auch mal daran, etwas zu veröffentlichen, verwarf diesen Gedanken jedoch schnell wieder.

Ich ging ins Bett und schlief auch bald ein. Plötzlich klingelte es an meiner Haustür Sturm. Ich stand auf und fragte, wer da sei.

»Die Polizei!« Verwundert öffnete ich die Tür. In dem Moment schubsten mich zwei Männer zur Seite und drangen einfach in meine Wohnung ein.

»Sie sind ja gar nicht von der Polizei!« fauchte ich sie an.

»Erraten!« sagte einer der beiden Männer höhnisch. »Und jetzt geben Sie uns Ihre Manuskripte, und zwar ein bißchen plötzlich!«

»Was wollen Sie denn damit?« fragte ich mit bebender Stimme.

Ich bekam keine Antwort, hörte nur ein lautes Lachen und schaute dabei in schreckliche Grimassen. Die Männer stellten meine Wohnung total auf den Kopf und rissen die Manuskripte an sich.

»Nein, nein, nein!« schrie ich immer wieder. »Die gehören mir!«

Aber die Männer lachten nur und verließen mit meinen Geschichten die Wohnung. Ich rannte wie wild hinter ihnen her, doch plötzlich war es mir, als ob meine Füße am Boden festklebten. Die Männer gingen zu ihrem Auto und warfen die Manuskripte in den Kofferraum. Hunderte von Geschichten warfen sie einfach achtlos in den nassen und dreckigen Kofferraum. Ich schaute auf das Nummernschild und las: »3:40«. »Mein Gott«, dachte ich verzweifelt. »Das sind ja nur Zahlen. Wie soll ich jetzt feststellen, aus welcher Stadt diese Männer kommen? Mein Gott, hilf mir doch!«

Plötzlich verschwand die Null hinter der Vier und eine Eins trat an ihre Stelle. 3:41 war nun zu lesen. »Komisch«, dachte ich verwirrt, bis ich merkte, daß ich schweißgebadet und mit offenen Augen im Bett lag und auf die Zeitansage meines Radioweckers starrte.

Ich stand auf und knipste das Licht an. Ein schrecklicher Alptraum. »Mein Gott«, dachte ich. »Nicht auszudenken, wenn das wirklich wahr wäre. All die Jahre, meine ganze Arbeit, alles wäre wie ausgelöscht.« Als ich mich beruhigt hatte, ging ich wieder schlafen.

Am nächsten Morgen sprang ich wie der Blitz aus dem Bett und lief zum nächsten Fotokopierladen, um meine Manuskripte abzulichten. Als ich damit fertig war, dachte ich:

»Vielleicht hatte Bastian ja doch recht, und ich sollte mich mal nach einem Verlag umsehen. Es darf doch nicht alles verlorengehen, nicht alles umsonst gewesen sein. Etwas muß doch erhalten bleiben, nicht wahr?«

Mein Klassenlehrer

Eines Tages hatte ich Lust auf ein Eis und suchte die nächste Eisdiele auf. Während ich in der Schlange stand und wartete, sprach mich ein Mann an, der mich zu kennen schien.

»Sind Sie vielleicht Renate Kauffmann?« fragte er.

Verdutzt schaute ich ihn an und sagte: »Ja, und wer sind Sie?«

»Na, überlegen Sie mal.«

Ich dachte nach, bis ich mich wieder erinnerte. »Sind Sie Herr G., mein ehemaliger Klassenlehrer? Ja, natürlich! Mann, sind Sie alt geworden!« Kaum hatte ich das gesagt, hielt ich mir vor Schreck die Hand vor den Mund.

Die Leute in der Schlange lachten. Mein Klassenlehrer schmunzelte: »Sie haben sich nicht verändert.«

Ich war erleichtert über seine Reaktion, denn ich hatte nicht die Absicht, ihn zu kränken. Mein Klassenlehrer war die einzige positive Erinnerung, die ich von der Schule hatte. Jedesmal, wenn es Schwierigkeiten gab, boxte er mich irgendwie raus, und es gab oft Schwierigkeiten.

»Haben Sie Zeit? Dann könnten wir uns dort hinsetzen und unser Eis im Sitzen genießen«, schlug er vor.

Ich nickte, und wir setzten uns an einen Tisch.

»Wie lange ist es her?« fragte er.

»Ungefähr fünfzehn Jahre?«

»Ja, das kommt hin. Ich freue mich, daß wir uns noch mal begegnet sind.«

»Ich mich auch«, sagte ich.

Ja, mein Klassenlehrer. Nie werde ich den Tag vergessen, als er mich beim Schuleschwänzen erwischte. Ich hatte damals einen Job in einer Autoreparatur-Werkstatt, den ich auch hin und wieder während der Schulzeit ausübte. An jenem Tag waren mein Chef und ich gerade dabei, ein Getriebe auszubauen, als jemand zum Tanken kam. Ich unterbrach meine Arbeit und ging, nichts Böses ahnend, zu den Zapfsäulen. Mich traf der Schlag, als ich meinen Klassenlehrer sah.

Aber er lächelte nur und sagte: »Volltanken bitte.« Ohne ein Wort zu sagen, steckte ich den Zapfhahn in den Tank und starrte ihn nur an. »Nun wird man endlich einen Grund haben, mich von der Schule zu werfen«, dachte ich entsetzt.

»Kannst du auch mal den Ölstand kontrollieren?« fragte er. Ich nickte.

»Was ist denn los? So sprachlos kenne ich dich ja gar nicht«, stellte er lächelnd fest. Ich schluckte und brachte immer noch keinen Ton heraus. »Renate, ich wollte dir nie etwas Böses, ich werde dich auch nicht verpfeifen«, sagte er.

Damals glaubte ich ihm kein Wort: »Ich wette meinen Kopf darauf, daß Sie es doch tun.«

Er zuckte hilflos mit den Schultern: »Wann wirst du endlich jemandem vertrauen?«

Als er bezahlte, sagte er: »Der Rest ist für dich.«

»Aber das sind ja über zehn Mark!« stellte ich erstaunt fest.

»Ich weiß. Einen schönen Tag noch«, sagte er. »Gleichfalls. Vielleicht komme ich morgen mal wieder zur Schule«, meinte ich erleichtert.

Jetzt, wo mein Klassenlehrer vor mir saß, erinnerte ich mich wieder an diese Begegnung und fragte: »Warum haben Sie damals eigentlich dicht gehalten, als Sie mich in der Tankstelle getroffen haben?«

»Was hätte das gebracht, wenn ich es gemeldet hätte?

Nur Ärger, nicht wahr? Aber davon hatten Sie ja eh schon genug.«

»Hm«, machte ich nur.

Plötzlich fing er an zu lachen und meinte: »Sie hatten aber auch wirklich ein Talent, uns zur Weißglut zu bringen.«

»Und die Lehrer hatten alles andere, aber kein Talent, Schüler so zu unterrichten, daß sie am Lernen Freude hatten.«

»Das ist leider wahr. Aber erzählen Sie mir doch bitte, was Sie zur Zeit machen.«

»Nun, ich bin jahrelang herumgereist, bin seit einem Jahr wieder in Deutschland und möchte eine gute Schriftstellerin werden.«

»Bravo!« sagte er. »Genau das sollten Sie auch tun. Ich habe damals schon gewußt, daß Sie zwei Dinge am besten können: Leben und schreiben.«

Ich war erstaunt über seine Reaktion und fragte: »Sie als mein Deutschlehrer sagen bravo dazu?«

»Jawohl! Ihre Aufsätze haben mich immer begeistert, das wissen Sie. Sicher, Ihre Rechtschreibung und Grammatik waren katastrophal, aber es kommt auf den Stil an und auf das, worüber man schreibt. Wenn ich Ihnen einen Tip geben darf, dann fangen Sie am besten mit einer Autobiographie an.«

Ich atmete erleichtert auf, denn ich steckte gerade in einer schweren Krise, die mich am Weiterschreiben hinderte. Sein Zuspruch machte mir Mut.

»Am liebsten schreibe ich Geschichten, die ich selbst erlebt habe. Aber ich befürchte, daß das niemanden interessiert«, sagte ich.

»Frau Kauffmann, das ist genau das richtige. Aus dem Leben schreiben. Machen Sie nur so weiter«, ermunterte er mich.

Wir unterhielten uns noch eine Weile und verabschiedeten uns dann. Mit beiden Händen drückte er meine Hand: »Alles, alles Gute.«

»Das wünsche ich Ihnen auch«, sagte ich.

Wie beflügelt ging ich nach Hause und setzte mich sofort wieder an die Schreibmaschine.

Begegnung in der Fußgängerzone

Es war ungefähr Mitte Januar, als ich noch spät abends einen Spaziergang durch die Fußgängerzone machte. Ein paar Monate vorher hatte ich mich zu Christus bekehrt, und an diesem Abend überlegte ich, ob ich in ein paar Tagen nach London oder lieber nach Paris fahren sollte. So schlenderte ich gedankenversunken durch die Stadt, bis ich plötzlich vier Männer entdeckte, die sich auf einer Bank unentwegt die Glieder rieben.

»Was ist denn mit euch los?«

Sie schauten mich an und fragten, ob ich Englisch sprechen könnte. Ich nickte, und nun fing einer von ihnen an zu erzählen: »Wir sind Iraner und heute mittag angekommen. Wir wollten nämlich einen Kongreß besuchen, der in zwei Wochen beginnt. Ja, und in Teheran kamen wir halt auf die Idee, zwei Wochen eher zu fliegen, um ein wenig Spaß zu haben. Heute haben wir den ganzen Nachmittag und Abend ein Zimmer gesucht, aber alle Hotels sind besetzt.«

»Was?! Es war kein einziges Zimmer mehr zu kriegen?« fragte ich skeptisch.

»Nicht ein einziges. Die Hoteliers sagten uns, daß überall noch Kongresse stattfinden. Ohne Buchung sei da nichts zu machen.«

»Hm«, machte ich. »Rutscht mal ein Stück.« Ich setzte mich zu ihnen und steckte mir eine Zigarette an. »Auch eine?« fragte ich und hielt ihnen die Packung hin. Zwei von ihnen bedienten sich, und so saßen wir eine geraume Zeit einfach da und schwiegen.

»Und wo habt ihr euer Gepäck?« fragte ich.

»Im Schließfach.«

»Hm«, sagte ich abermals. Ich schaute mir die Burschen

ein wenig genauer an. Dann zuckte ich ein wenig hilflos mit den Achseln und sagte: »Nun gut! Es ist verdammt kalt, und wenn ihr mir versprecht, keine Dummheiten zu machen, dann dürft ihr bei mir schlafen. Ich habe zwar nur ein Einzimmer-Appartement, aber zum Schlafen ist genug Platz da.«

Kaum hatte ich das gesagt, sah ich acht Reihen strahlend weißer Zähne blitzen.

Ich lachte und fragte: »Nun, was ist? Könnt ihr nur grinsen?«

Wie der Blitz standen sie von der Bank auf, und einer sagte: »Das ist sehr nett von dir. Aber hast du denn gar keine Angst?«

»Muß ich Angst haben?«

»Nein, nein! Du brauchst dich wirklich nicht zu fürchten.«

»Na also! Dann kommt! Ich wohne nicht weit von hier.«

Während wir durch die Fußgängerzone gingen, fragte einer: »Wie heißt du?«

»Renate, und ihr?«

Als sie mir ihre Namen nannten, kam es mir so vor, als ob jeder eine komplette Seite eines Namensregisters aufsagte. »Ach du meine Güte! Wer soll sich das merken? Du bist A., du bist B., du C. und du D. Einverstanden?«

Alle vier lachten und nickten.

Kaum hatten wir meine Wohnung betreten, blieben sie wie angewurzelt stehen und staunten. »Soviel Bilder!« sagte B. »Bist du eine Künstlerin?«

»Nein, nein. Ich male halt nur sehr gern.«

»Aber dann bist du doch eine Künstlerin!« sagte D.

»Meinetwegen.«

Als sie sich alles angesehen hatten, fragte ich: »Möchtet ihr was trinken? Zum Essen kann ich euch leider nur

Spaghetti anbieten, denn ich war noch nicht einkaufen.«

D. sagte: »Wir haben schon gegessen, aber etwas zu trinken wäre nicht schlecht.«

Ich stellte zwei Flaschen Saft und fünf Gläser auf den Tisch und schenkte ein. Nachdem jeder ein bißchen getrunken hatte, kam eine etwas verlegene Stimmung auf. Die vier wußten wohl nicht so recht, was sie nun machen sollten, und außerdem sah man ihnen an, daß sie ziemlich geschafft waren. Ich ging zum Schrank, holte vier Handtücher heraus und warf jedem eins zu. »So! Das Bad ist nebenan. Macht euch fertig. Ich gehe nur schnell zu meinem Nachbarn und leihe mir ein paar Decken.«

Ich stand vor der Tür meines Nachbarn und klingelte Sturm. Endlich öffnete er und sagte: »Hallo! Na, wieder im Lande?«

»Wie du siehst. Hab' ich dich geweckt?« fragte ich grinsend, denn er stand im Schlafanzug vor mir.

»Iwo! Wer schläft denn schon kurz vor Mitternacht?! Doch nur Leute, die wie ich um halb sechs wieder aus den Federn müssen, damit sie pünktlich um acht ihre Schüler unterrichten können.«

»Sei froh, daß du kein Lehrer bist«, sagte ich lachend. »Du, ich brauche unbedingt vier dicke Decken. Hast du so was?«

»Was hast du denn diesmal wieder aufgegabelt? Eines Tages wird man dich noch mit aufgeschnittener Kehle in deiner Wohnung auffinden«, stöhnte er gespielt verzweifelt.

Ich lachte und sagte: »Wetten, daß nicht?«

Er drückte mir die Decken in die Hand:

»Gute Nacht! Hast du Lust, am Wochenende mit mir was zu unternehmen?«

»Geht nicht. Da bin ich wahrscheinlich schon in London«, antwortete ich ihm.

»Das halt ich im Kopf nicht aus! Wozu hast du eigentlich noch eine Wohnung? Die steht doch sowieso die meiste Zeit leer.«

Ich zuckte nur mit den Achseln und wünschte ihm eine gute Nacht.

Als ich mit den Decken zurückkam, war einer schon im Bad. Ich machte die Schlafplätze zurecht und fragte: »Meint ihr, daß das so geht?«

»Aber sicher«, meinte B.

»Einen Augenblick später rief C. im Badezimmer seinen Freunden etwas zu. B. sagte: »Du mußt die Augen zumachen. C. will unter seine Decke schlüpfen, aber er hat nur noch eine Unterhose an.«

Ich lachte und hielt mir die Hände vors Gesicht. Noch drei Mal mußte ich das Spiel wiederholen, bis alle vier wie Heringe nebeneinander lagen und mich lachend ansahen. Das war schon eine komische Situation.

Nun war ich an der Reihe und verschwand im Bad. Während ich mir die Zähne putzte, hörte ich, wie sich die vier angeregt unterhielten und lachten. Als ich fertig war, wünschte ich allen eine gute Nacht, knipste das Licht aus und kroch ins Bett.

Zuerst war es mucksmäuschenstill. Doch nach ein paar Augenblicken fingen die vier an zu kichern, was mich ebenfalls zum Lachen brachte. »Warum lacht ihr?« fragte ich.

»Weil wir glücklich sind.«

»Schön, aber jetzt sollten wir wirklich schlafen, denn ich bin furchtbar müde.«

Ich glaube, ich hatte den Satz kaum ausgesprochen, da fiel ich schon in Schlaf.

Als ich am nächsten Morgen erwachte, lag nur noch B. auf dem Fußboden und lächelte mich an.

»Wo sind die anderen?« fragte ich überrascht.

»Einkaufen. Sie kommen gleich wieder. Aber sag mal, schläfst du immer so fest?«

»Kommt ganz drauf an. Doch wenn ich kaputt bin, kann sogar eine Handgranate neben mir einschlagen, ich würde sie nicht hören.«

B. lächelte: »Ich mag deine Bilder sehr gern. Aber kannst du mir sagen, was das Bild bedeutet?« Er zeigte mit dem Finger in die Richtung.

»Oh! Ich weiß gar nicht, wie ich dir das erklären soll. Das habe ich erst vor ein paar Tagen gemalt, es ist noch gar nicht fertig.«

Das Bild zeigte ein Kreuz, das hoch oben am Himmel stand. Um das Kreuz war ein Seil geschlungen, das weit nach unten reichte und von zwei Händen festgehalten wurde. Ich versuchte zu erklären: »Das Kreuz soll Jesus bedeuten. Das Seil ist ein Symbol für die Beziehung zu ihm. Und die Hände, die das Seil festhalten, sollen ausdrücken, daß diese Beziehung nicht abbrechen soll. Wie du erkennen kannst, steht das Kreuz fest, obwohl es nirgendwo befestigt ist. Das Kreuz bleibt immer bestehen, aber die Hände können das Seil loslassen. Wenn sie wollen, können sie sich vom Kreuz trennen.«

»Du bist also ein Christ?« fragte er.

»Ja. Und du? Glaubst du auch an Jesus?«

Er kam nicht mehr dazu, zu antworten, denn in dem Moment klingelte es an der Haustür. Ich öffnete, und die anderen drei kamen strahlend herein.

»Das ist für dich«, sagte A. und überreichte mir einen herrlichen Blumenstrauß.

»Mein Gott, ist der aber schön!« rief ich aus.

»Und die beiden Tüten sind auch für dich«, sagte C.

Ich schaute hinein und rief lachend: »Du meine Güte! Wer soll das alles essen?!«

Die Tüten waren vollgepackt mit Lebensmitteln: Obst, Brot, Teigwaren, zwei Hühner, Wurst, Käse, Wein, ein paar Flaschen Saft und etliche andere Sachen.

»Soviel ist das doch gar nicht. Wir haben gesehen, daß du eine Tiefkühltruhe hast. Da kannst du ja die Hühner reinlegen, und der Rest hält sich doch eine Weile.«

Ich lachte: »Kommt! Laßt uns erst mal frühstücken.«

B. ging ins Bad, und die anderen halfen mir, den Tisch zu decken. Als B. aus dem Bad kam, war ich an der Reihe.

Während wir frühstückten, erzählte B. den anderen, daß ich an Jesus glaubte.

»Hast du uns deshalb bei dir übernachten lassen?« fragte A.

»Nein. So etwas habe ich auch schon früher gemacht. Aber jetzt ist es beinahe noch schlimmer geworden, weil ich weiß, Jesus hat gesagt, daß wir die Leute so behandeln sollen, wie wir von ihnen behandelt werden möchten. Und ich hätte gestern nacht auch nicht bei der Kälte draußen schlafen wollen. Aber wenn ich ehrlich bin: Wohl war mir anfangs nicht dabei.«

Sie schauten mich verdutzt an, und ich fragte: »Glaubt ihr auch an Jesus?«

Sie lachten, und A. sagte: »Nein. Aber erzähl uns doch ein bißchen mehr von deinem Jesus. Wir sind nämlich etwas durcheinander.«

»Warum das denn?«

»Na ja, als du uns gestern angesprochen hast, da dachten wir zuerst alle das gleiche.«

»Was dachtet ihr denn?« fragte ich neugierig.

»Nimm uns das bitte nicht übel, aber wir haben zuerst geglaubt, du wärst eine von den Käuflichen. Aber merkwürdigerweise haben wir das schon nach den ersten Sätzen nicht mehr glauben können.«

»Ja, und was habt ihr dann geglaubt?« fragte ich ein wenig verdattert.

»Daß du total verrückt bist.«

Ich lachte. »Da habt ihr gar nicht mal so unrecht.« Sie lachten, und B. sagte: »Wir haben gestern nacht noch lange wachgelegen und dich beobachtet. Du hast vier wildfremde Männer im Zimmer und gehst einfach ins Bett, machst die Augen zu und schläfst tief und fest bis zum Morgen durch. Kannst du uns das erklären?«

»Klar doch! Ich habe dich gestern nacht gefragt, ob ich Angst haben muß. Du hast nein gesagt, und ich habe dir geglaubt. Hätte ich dir nicht geglaubt, dann hätte ich es mir wahrscheinlich doch noch anders überlegt oder die ganze Nacht kein Auge zugemacht.«

»Aber du hättest dich irren können!« sagte A. aufgeregt.

»Schon, aber hätte ich nicht nach meinem Glauben gehandelt, dann hätte ich gesündigt, denn in der Bibel steht, daß alles, was nicht aus dem Glauben geht, Sünde ist. Und es wäre mit meinem Glauben nicht vereinbar gewesen, wenn ich euch in der Kälte gelassen hätte. Ist doch total logisch, oder?«

Die vier schauten mich an, als ob ich nicht ganz dicht in der Birne wäre.

A. war ganz aufgeregt: »Das darf doch nicht wahr sein! Das Leben ist doch nicht so einfach!«

»Also, ich bin noch nicht lange Christ – gerade ein paar Monate – und kenne die Bibel noch nicht so gut wie andere. Zur Zeit lese ich gerade einen Brief, den Paulus an die Römer geschrieben hat, und dieser Brief hat mich gefangengenommen. Vieles verstehe ich nicht, aber eins habe ich schon kapiert: Wenn ich erst mal nur das tue, was ich glaube, wie gesagt: was ich glaube und nicht, was ich will, dann läuft der Rest beinahe automatisch ab. Ich weiß, es klingt verrückt, obwohl es nach meiner Ansicht total logisch ist. Aber es funktioniert, denn ich hatte schon ein paarmal Gelegenheit, es auszuprobieren.« »Meinst du, daß alles, was man glaubt, auch wahr ist?« fragte D.

»Nein, nein. Ich meine, daß der Glaube zu Jesus einem irgendwie zeigt, was man zu tun und zu lassen hat. Man glaubt zum Beispiel, daß man dieses oder jenes tun soll, tut es dann auch und merkt plötzlich, daß allein der Glaube ungeahnte Kräfte freisetzt.«

»Aber kann man sich denn nicht auch in seinem Glauben irren? Ich meine, gerade bei den Dingen, bei denen man glaubt, man müsse so oder so handeln?«

»Sicherlich! Das habe ich erst vor ein paar Tagen getan. Also, die Story muß ich euch erzählen. Es war die Peinlichkeit hoch drei für mich, obwohl sich alle anderen halbtot gelacht haben. Ich saß im Bus, es schneite, und die Straßen und Bürgersteige waren spiegelglatt. Auf einmal sah ich eine Frau mittleren Alters mit etlichen Tüten bepackt auf dem Bürgersteig langgehen. Sie hatte wirklich zu tun mit ihren vielen Tüten und mußte noch vorsichtig sein, daß sie nicht ausrutschte.

Ich dachte: ›Jesus, muß ich da auch helfen?‹ Ich hatte nicht das Gefühl, daß ich einschreiten sollte. Doch in dem Augenblick schlich sich bei mir der teuflische Gedanke ein, daß man sich auch hin und wieder seinen Platz im Himmel verdienen sollte. Gerade wollte der Bus weiterfahren, da schrie ich: ›Bitte, machen Sie die Tür noch mal auf. Ich muß hier raus.‹ Der Busfahrer öffnete die Tür, und ich jumpte raus und der Frau hinterher.

Ich war nur noch ein paar Meter hinter ihr, da rutschte

ich aus, fiel auf den Rücken und schlitterte der Frau genau zwischen die Beine.

Im ersten Moment wußte ich gar nicht, wo ich war, denn unter ihrem langen Mantel war es zappenduster. Die Frau schrie entsetzt auf und ließ sämtliche Taschen fallen. Irgendwann kroch ich dann aus dem Dunkeln hervor und stand mit hochrotem Kopf vor ihr. Ich war so durcheinander, daß ich, anstatt mich zu entschuldigen, fragte: ›Darf ich Ihnen die Taschen nach Hause tragen?‹

Da drehte die Frau total durch. ›Suchen Sie um Himmels willen das Weite. Ich komme ganz gut allein zurecht.‹ Die Leute, die die Szene beobachteten, hatten vor Lachen Tränen in den Augen.«

Die vier Iraner lachten nicht weniger. Ich konnte über meine Tolpatschigkeit schon wieder schmunzeln.

Nachdem wir uns wieder beruhigt hatten, sagte ich: »Hätte ich also nach meinem Glauben gehandelt, dann wäre ich im Bus sitzengeblieben und hätte nicht so ein Chaos verursacht. Aber bestimmt glaube ich auch einige Dinge, die nicht wahr sind, in denen ich mich irre. Aber solange ich an sie glaube, bin ich davon überzeugt, und was mich überzeugt, das möchte ich leben. Natürlich muß der Mensch auch im Glauben zu Gott reifen, aber das kann er nach meiner Meinung nur dann, wenn er erst mal die Dinge tut, die er glaubt. Ist sein Glaube wahr, wird er es erfahren, und hat er sich in diesem oder jenem Glauben geirrt, wird er das früher oder später ebenfalls merken.«

»Du sagst, daß du die Bibel liest. Weißt du, wir sind Muslime, sind im Koran erzogen worden, aber das, was du da eben gesagt hast, hat der Koran mir nicht vermitteln können. Ich war immer davon überzeugt, daß alle Religionen irgendwie gleich sind. Aber die Bibel scheint doch ein anderes Buch zu sein, denn es zeigt mir das erste Mal einen Weg, der mir sehr gefällt.«

Ich stutzte: »Hm! Ich habe keine Ahnung von eurer Religion und weiß nicht, was der Koran ist, aber wenn ihr Lust habt, können wir uns ja erst mal mit dem Römerbrief beschäftigen. Danach erzählt ihr mir etwas über den Koran. Ich habe mir einige Sachen unterstrichen, die ich ganz toll finde. Viele Sachen verstehe ich überhaupt nicht, aber vielleicht kapiert ihr mehr. Wir können uns ja gegenseitig helfen. Na, habt ihr Lust?«

»Ja, gern!« sagten alle wie aus der Pistole geschossen, und schon hingen wir über dem Römerbrief. Zum Glück hatte ich noch das Neue Testament in Englisch, das man mir in Amsterdam geschenkt hatte, und so kamen wir vom Hundertsten ins Tausendste, vom Römerbrief zu Jesus, von Paulus zum Propheten Mohammed, bis uns nach ein paar Stunden der Kopf rauchte.

»Also, dieser Mohammed scheint euch ja nicht viel gebracht zu haben. Das, was ich bis jetzt von euch über ihn gehört habe, ist doch total neurotisch, zwanghaft und, entschuldigt bitte, dämlich«, meinte ich.

Die vier guckten mich entsetzt an. Ein paar Augenblicke später schauten sie sich gegenseitig in die Augen, so, als ob jeder erst die Reaktion des anderen überprüfen wollte, und fingen dann beinahe zeitgleich an zu lachen.

»Also«, sagte B. »Ich flehe dich an: Wenn du jemals eine Reise in den Iran machen solltest, dann sag so etwas niemals zu einem überzeugten Muslim. Der würde dich glatt dafür umbringen.«

»Hab' ich's nicht gesagt! Neurotisch, dämlich und sogar lebensgefährlich. Sagt mal, habt ihr nicht auch so ein geisteskrankes Staatsoberhaupt? Dieser irre Greis namens

Ajatollah oder so ähnlich? Seht ihr da keinen Zusammenhang?« fragte ich kichernd.

Nun waren die vier nicht mehr zu halten. Sie lagen auf dem Boden und hielten sich die Bäuche vor Lachen. Nach einer Weile meinte B.: »Eigentlich ist das überhaupt nicht zum Lachen. Ich sehe da nämlich plötzlich auch einen Zusammenhang.« Und kaum hatte er das gesagt, ging das Gelächter von neuem los.

Wir verbrachten noch einen herrlichen Tag zusammen. Am späten Nachmittag suchten wir nach einer Bleibe für die vier und fanden auch zwei Zimmer. D. fragte mich, ob ich das Neue Testament in Englisch entbehren könnte, und ich gab es ihm gern. Nach einem gemeinsamen Spaziergang nahmen wir Abschied und wünschten uns Gottes Segen.

Ismael

Ich weiß gar nicht mehr so genau, wie es zu dem Streit gekommen war. Aber vielleicht sollte ich erst mal etwas über Ismael erzählen. Ismael ist Türke, Lehrer und Künstler. Er hat Kunst und Sprachen studiert und unterrichtet in einer Realschule. Hin und wieder machen wir beide Straßenmusik. Ach ja! Das hätte ich fast vergessen: Ismael ist überzeugter Marxist; jedenfalls hat er das früher gesagt.

Natürlich wußte er, daß ich eine überzeugte Christin bin. Doch eines Tages gerieten wir gerade deshalb furchtbar aneinander. Es war ein heftiger Streit, denn wir haben beide ein lebhaftes Temperament. Und jetzt fällt mir auch wieder ein, wie der Streit entstand. Ismael und ich machten nicht nur hin und wieder Straßenmusik zusammen, sondern verkauften auch gemeinsam unsere Bilder. An jenem Tag wollte ich zwei Bilder verkaufen, aber als er das eine sah, sagte er: »Das kannst du gleich hier lassen. So ein Schrott soll nicht neben meinen Bildern stehen.«

Ich kochte vor Wut: »Was hast du gegen dieses Bild?«

»Religiöser Kitsch!«

»So?! Gut! Meinetwegen! Aber ich male eben auch, was in mir ist, und nicht nur, was ich vor mir sehe. Das Bild kommt mit!«

»Nein!«

»Ja!« – »Nein!«

»Ich will dir mal was sagen! Es ist gar nicht das Bild an sich, das dich so stört. Es ist die Aussage, die du nicht leiden magst.« Ich hatte nämlich die Erdkugel gemalt, die von Gottes Händen zusammengehalten wird. »Wenn ich Marxist wäre, könnte ich so ein Bild wahrscheinlich auch nicht ertragen.«

»Ja, ich bin Marxist. Nichts überzeugt mich mehr als diese Lehre«, rief er aufbrausend.

»Wenn das wirklich so ist, dann frage ich mich, warum du sie niemandem mitteilst. Bin ich von etwas überzeugt, dann möchte ich andere auch daran teilhaben lassen. Und wenn es die Wahrheit für dich ist, warum hältst du sie dann so ängstlich fest und erzählst anderen nichts davon? Als Lehrer würdest du ja auch wahrscheinlich immense Probleme bekommen, wenn das jemand erfährt, nicht wahr? Was ist deine Überzeugung wert, wenn sie dir noch nicht einmal die Kraft gibt, dich zu ihr zu bekennen?«

»Was?! Ich traue mich nicht? Das wollen wir doch mal sehen! Los! Ein Stück Karton her!«

Ich gab ihm eins von meinen Tramperzeichen, auf die ich oft die Orte schrieb, zu denen ich wollte, und grinste.

»Ich bin ein Marxist und würde für den Marxismus sogar sterben«, schrieb er und hielt mir das Ding vor die Nase. »So! Das werde ich hinstellen, wenn wir heute Musik machen«, sagte er sauer. »Und du? Was willst du schreiben?«

»Was hältst du davon, wenn wir heute ausnahmsweise mal getrennte Kassen haben? Du stellst deine Pappe hinter deine Sammelbüchse, und ich stelle meine Aussage hinter meine.«

»Hm. Warum eigentlich nicht«, meinte er.

Nun war ich an der Reihe: »Nicht gucken! Was ich jetzt aufschreibe, darfst du erst lesen, wenn wir wieder nach Hause gehen. Einverstanden?«

»Wenn du dir etwas davon versprichst, bitte. Aber du mußt dich zu Christus bekennen.«

»Aber natürlich«, sagte ich. »Ich bin ein Christ und möchte meinen Glauben lieber leben. Und der Klappstuhl neben mir, der für den Marxismus sterben will, ist ein lieber Freund«, schrieb ich.

»Laß uns heute nur Musik machen. Das nächste Mal können wir ja wieder ein paar Bilder verkaufen«, schlug ich vor.

Wir lächelten uns an. »Friede?« fragte Ismael.

»Friede. Bin aber sehr gespannt, was bei dieser Aktion herauskommt.«

Als wir kaum unsere Sachen in der Fußgängerzone postiert hatten und zu spielen anfingen, kamen schon die ersten Leute und hörten uns zu. Ich schlug die Trommeln, und Ismael spielte seine Laute. Jedesmal, wenn die Leute vorkamen, um uns Geld zu geben, standen sie ein wenig irritiert vor den Büchsen. Dann lasen sie die jeweiligen Aussagen, lachten und warfen meistens bei mir das Geld hinein. Ich zwinkerte den Leuten dankend zu, und Ismael wurde langsam sauer.

Nach einer knappen Stunde machten wir eine Pause, und er sagte: »Ich will jetzt sehen, was draufsteht.«

»Bitte, du hältst es ja vor Neugierde nicht mehr aus.«

Ismael las das Schild und lächelte. Er setzte sich wieder zu mir und sagte: »Sei ehrlich! Was glaubst du, warum die Leute das meiste Geld bei dir reingeworfen haben?«

»Schwer zu sagen. Sicherlich haben sie mir das Geld nicht deshalb gegeben, weil ich mich zu Christus bekannte. Aber der Gedanke, daß man seinen Glauben leben möchte, ist für die Menschen eben ein angenehmerer, denn wer stirbt schon gern. Die andere Sache könnte die sein, daß ich mich zu unserer Freundschaft bekannt habe. Deine Aussage dagegen vermittelt so gut wie gar nichts. Es schwingt nichts in ihr mit, außer vielleicht Verbissenheit.«

»Hm!« machte Ismael. »Meinst du, daß ich verbissen bin?«

»Ach, Ismael! Natürlich, denn du hast Angst. Du würdest niemals für den Marxismus sterben. Wer wirklich bereit ist, für etwas zu sterben, der hängt das nicht an die große Glocke. Der tut es einfach, wenn es soweit ist.«

»Aber ich war so wütend auf dich!«

»Ich doch auch. Wir sind eben zwei Hitzköpfe. Du weißt doch so gut wie ich, daß bei solchen Gefechten nichts rauskommt. Kannst du dich noch an unseren letzten Streit erinnern?«

»Und ob!« sagte Ismael lachend. »Dein Nachbar hat geklingelt und uns gesagt, daß wir die ganze Zeit aneinander vorbeigeredet haben. Wir haben uns so angebrüllt, daß er jedes Wort verstanden hat. Ich fand das furchtbar komisch.«

»Ich auch, aber ich finde es schön, daß wir uns so streiten können und uns trotzdem immer wieder vertragen.«

Wir rauchten noch eine Zigarette und spielten ohne die Kartons weiter. Zusammen zu spielen und das gemeinsam verdiente Geld in einer Büchse zu sehen, um es dann hinterher zu teilen, gefiel uns doch viel besser.

Ein ungewöhnlicher Besuch

Es war kurz nach Mitternacht, als plötzlich das Telefon klingelte. »Nanu«, dachte ich, »wer kann das jetzt noch sein?« Meine Freundin war im Urlaub, und sonst rief keiner so spät bei mir an.

Um so überraschter war ich, als ein weitläufiger Bekannter mich fragte, ob er zu so später Stunde ausnahmsweise mal vorbeikommen dürfte.

»Natürlich«, meinte ich, denn ich spürte, daß er sehr bedrückt war. »Komisch«, dachte ich, als ich aufgelegt hatte. Ich kannte diesen Mann doch kaum. Wir hatten uns ein paar Mal bei einem befreundeten Ehepaar getroffen.

Eine Viertelstunde später saß er mir gegenüber. Schweigen lastete auf dem Raum. Es dauerte eine Zeit, bis er reden konnte. Die ersten Sätze kamen stockend, aber je länger er redete, desto flüssiger sprudelten die Worte aus ihm heraus. Er redete sich alles von der Seele, und ich hörte erschüttert zu. Seine Offenheit überraschte mich sehr, denn derartige Geständnisse kamen sonst wohl höchstens mal einem Seelsorger zu Ohren.

Stumm schaute ich an mir herunter und wagte nicht, ihn anzuschauen. In solchen Augenblicken darf man den anderen nicht ansehen! Er war gerade dabei, sich auszusprechen, aber dabei durfte er nicht das Gefühl haben, daß ich ihn in seiner momentanen Blöße schamlos anstarrte.

Innerlich mußte ich weinen. Dieser Hüne von einem Mann war zu einem bebenden Häufchen Elend geworden. »Ja«, sagte er dann zum Schluß, »und so habe ich meinen Glauben verloren«, und dann weinte er.

»Mein Gott«, dachte ich, »mach, daß dieser Mann aufhört zu weinen. Ich kann ihn nicht weinen sehen.« Ich kam mir immer furchtbar hilflos vor, wenn ich jemanden weinen sah. Am liebsten hätte ich ihn in die Arme genommen, aber ich traute mich nicht.

Als er sich ausgeweint hatte, schaute er stumm vor sich hin. Ich wußte, daß ich ihm keinen Rat geben konnte, und das quälte mich. Aber da war nichts, was ich in dem Moment hätte sagen können. »Mein Gott«, dachte ich, »irgendwie muß ihm doch geholfen werden!«

Wir saßen noch lange schweigend beieinander, ohne daß einer den anderen anschaute, denn er war immer noch nackt, und man mußte solange warten, bis das vorbei war.

Als der Morgen anbrach, konnte er wieder aufsehen. Ich sah ihn an und merkte sofort, daß ich gar nichts zu sagen brauchte. Was war geschehen?

Ich weiß es nicht, aber er verließ meine Wohnung mit einer neuen Hoffnung.

Erinnerungen

Er war der erste Tote, den ich in meinem jungen Leben gesehen hatte. Wie versteinert schaute ich auf den leblosen Körper, der mit dem Kopf in der Schlinge noch ein wenig hin und her baumelte. Seine Augen waren weit aufgerissen, und seine Zunge hatte sich aus dem Mund herausgepreßt. Es war ein grauenvoller Anblick, doch ich konnte meinen Blick nicht von ihm abwenden. Ich stand nur da und starrte ihn an. Es war mir unbegreiflich, daß das einmal mein Freund gewesen sein sollte.

Der Schock war so gewaltig, daß ich wie unter einem Zwang unentwegt schlucken mußte. Alles krampfte sich in mir zusammen, und anstatt Trauer empfand ich Wut, ohnmächtige Wut.

Ich war erst siebzehn. Ein paar Tage später überreichte mir die Polizei einen Abschiedsbrief. »Weil du mich verlassen hast, verlasse ich jetzt dich«, stand unter anderem darin.

Kurz vor seinem Tod hatte er mir einen Heiratsantrag gemacht, der für mich völlig überraschend und unverständlich war. Für mich war es nur eine Freundschaft und weiter nichts. Wir waren nie intim miteinander, und ich bemerkte nicht, daß er mehr für mich empfand als ich für ihn. Ich lehnte natürlich ab und sagte ihm, daß ich ihn nur mochte und außerdem noch viel zu jung für eine Ehe sei.

Es gelang mir nie, die Erinnerung an dieses schreckliche Erlebnis mit dem Tod zu verdrängen. Immer und immer wieder zogen diese fürchterlichen Bilder an meinem geistigen Auge vorbei, ließen mich nachts schweißgebadet aufschrecken und nicht wieder einschlafen.

Mit den Jahren begann ich diesen Mann zu hassen, weil

er mich, obwohl er schon längst tot war, unsagbar quälte. Ich verdammte ihn mit Leib und Seele, wenn ich wieder einmal mitten in der Nacht hochfuhr und mein Herz bis zum Hals schlug. Ich verdammte ihn aber nicht nur wegen der Alpträume, sondern auch wegen der Schuldgefühle, die er durch seinen Brief in mir ausgelöst hatte.

Eines Tages kam dann Gott in mein Leben, ich bekehrte mich. Danach schien es mir, als ob die Alpträume verstärkt auftraten. Es wurde so schlimm, daß sie mich an den Rand des Wahnsinns trieben. Ich war derartig mit den Nerven fertig, daß ich auf alles total überreizt reagierte.

Ich weiß nicht mehr, was mich dazu veranlaßte, eines Morgens niederzuknien und Gott um Befreiung zu bitten. Damals wußte ich noch nicht, daß Gott Alpträume verschwinden lassen kann oder gar Erinnerungen, die sich negativ auf ein Leben auswirken, unschädlich macht.

An jenem Morgen dachte ich nur, daß man Gott ja mal fragen konnte, ob er mir in dieser Hinsicht nicht helfen könne. Und so fragte ich ihn, ob es nicht möglich wäre, dieses schrecklich Geisterhafte von mir zu nehmen, damit ich endlich Frieden hätte.

Was dann geschah, werde ich in meinem Leben nie vergessen. Kaum hatte ich das Amen ausgesprochen, fiel ich in einen tiefen Schlaf und erwachte erst am Nachmittag wieder. Seitdem war die Erinnerung nichts mehr als Erinnerung. Sie übte keine negative Macht mehr auf mich aus und quälte mich nie wieder. Ich erfuhr wirkliche Befreiung an meiner Seele und ahnte, wie es wohl sein könnte, wenn ich eines Tages von allen negativen Einflüssen befreit sein werde.

Der Tag, an dem ich mit meinem Motorrad verunglückte

Eines Morgens, nach einer langen Stille, spürte ich das erste Mal ganz bewußt, daß ich lebe. Ich fühlte, wie ich atmete, spürte die Bewegungen meines Körpers, ja, ich erlebte mich selbst. Es war ein außergewöhnlicher Tag. Es war, als ob mich Ströme gewaltigen Lebens durchfuhren, und dies Erleben ließ mich mit dem Motorrad in die Felder fahren.

Nach einer Weile stellte ich das Ding ab und ging zu Fuß weiter. Eindrucksvolle Stille begegnete mir. Der Himmel überzog sich mit schweren, dunkelgrauen Wolken, doch das kümmerte mich nicht. Aus irgendeinem Grund war ich davon überzeugt, daß nicht ein Tropfen auf die Erde fallen würde.

Ich atmete tief, denn ich war immer noch überwältigt von diesem Am-Leben-Sein. Das war eine Wahrheit, zu der ich plötzlich unbegrenztes Vertrauen haben konnte.

Ja, Leben, nur das konnte die Wahrheit sein. Durch meinen ganzen Körper drang diese Wahrheit und schenkte mir für ein paar Augenblicke ein Gefühl des Losgelöstseins von allem Bösen.

Auf einmal war in mir ein Gefühl vollkommener Unwirklichkeit; unwirklich, weil es die absolute Wahrheit war. Wenn ein Mensch sie erfährt, der noch nichts von Gott weiß, kann er sie nur unwirklich nennen.

Ich versank in diesem Gefühl und begann zu ahnen, daß die Wahrheit nicht nur eine Strecke des Weges ist, die der Mensch im Laufe seines Lebens zu gehen hat, sondern etwas Unerschöpfliches, sich selbst Genügendes, ja, in sich selbst Vollkommenes.

Ich hoffte, daß diese Wahrheit vielleicht mein Leben erhalten könnte, indem sie mir auf irgendeine Weise einfach Leben spendete.

Wie das schnelle Vorbeihuschen eines Tons erfuhr ich diese Wahrheit und mußte traurig erkennen, daß ich noch zu viel ungläubigen Stolz in mir hatte. »Du mußt demütiger werden, damit du in ewiger Erwartung der Wahrheit bleiben kannst! Damit du in der Wahrheit versinken kannst!« Wie eine wehklagende Stimme begegnete mir diese Erkenntnis, und ich zitterte vor Erregung, denn ich hatte keine Ahnung, was mit mir geschah.

Mein Weg führte an einer Vogelscheuche vorbei, die ich schon von weitem beobachtet hatte. Die Stoffetzen bewegten sich, Leben vortäuschend, im Wind. Nun schaute ich mir das tote Ding an, das aus der Ferne betrachtet so lebendig erschienen war. Diese Vogelscheuche veränderte etwas in mir. Auf einmal verstand ich, daß viele Dinge, die aus der Entfernung oder oberflächlich betrachtet werden, Leben nur vortäuschen. Ich erkannte: Meine Niedergeschlagenheit, die mich immer wieder befiel, wenn ich mir meiner Einsamkeit innerhalb der menschlichen Gesellschaft bewußt wurde, rührte daher, daß es für mich nicht wichtig war, was ich erstrebte, sondern wie ich etwas erreichen wollte.

Ich glaubte längst nicht mehr an den Wert des Geldes, glaubte nicht an Ruhm und Macht. Diese Dinge waren für mich nur lebenverschlingende Ungeheuer. In der Gegend, in der ich damals wohnte, wurde mir sehr deutlich vor Augen geführt, daß Geld, Ruhm und Macht nur eines hervorbrachte: Neid. Und plötzlich verstand ich meine Einsamkeit bis in die geringsten Einzelheiten. Ich spürte, daß ich in den Feldern einer Wahrheit begegnet war, die viel überzeugender war als diese blutarme Theorie des Lebens, die uns immer wieder weismachen will, Ruhm und Geld machten den Menschen erst zum Menschen. Aber welch eine erschreckende Macht hatte sie doch, daß so viele Menschen sie für wahr hielten.

Ein Trecker kam plötzlich mit lautem Getöse herangefahren, brach einfach in die Stille ein, die mich vorher so erfüllt hatte. Mit seinem Lärm riß er mich förmlich aus der Wahrheit heraus. Auf einmal sah ich mich in der bloßen Wirklichkeit wieder. Doch dann spürte ich trotz des Lärms die Stille in mir und empfand dabei höchste Freude. Ohne einen ersichtlichen Grund fing ich an, innerlich zu jubeln.

Das dichte Wolkendach war auseinandergebrochen, der Himmel sah nun bleifarben aus, und ich genoß die kühle Luft. Ich fühlte mich gut, ich war am Leben, und ich wollte für immer am Leben bleiben! Wie albern das doch war! Auch ich würde eines Tages sterben, ob ich wollte oder nicht.

Ich schluckte, denn ich wollte nicht sterben. »Aber vielleicht«, dachte ich hoffend, »könnte ich doch irgendwie weiterleben, wenn das Schicksal sich mir gegenüber gnädig erweist – auch wenn ich sterben muß? Wie schön wäre das doch!«

Ja, ich war lebendig wie nie zuvor und bereit, das Leben zu suchen, wenn auch nur für einen Moment. Heute glaube ich, daß das der erste Schritt auf dem Weg zu Gott war, obwohl es danach immer wieder Zeiten gab, in denen ich nicht an Gott glaubte.

Ich dachte an einen kleinen, schwachsinnigen Jungen, den ich in einem Heim kennengelernt hatte. »Woher weißt du eigentlich, daß es einen Gott gibt?« hatte ich ihn einmal gefragt. »Aber das weiß doch jeder! Der liebe Gott redet doch andauernd. Hörst du ihn nicht?«

Mit diesen Worten im Herzen ging ich durch die Felder und hoffte im stillen auf das Leben. Das Leben suchen, es finden und immer daran glauben können. Von diesem Wunsch war ich regelrecht besessen, denn würde er eines Tages in Erfüllung gehen, dann hätte ich alles, was ich zum Leben so dringend brauchte: nämlich Leben.

Ich ging zurück zu meinem Motorrad. Kaum saß ich drauf, waren alle Wünsche, die Augenblicke und die Sehnsucht nach Gott und dem wahren Leben wie weggeblasen. Aber trotzdem waren das Lichtblicke, Sekunden des Glücks und ehrliche Momente meines Lebens gewesen. Ja, es waren alles nur Augenblicke, doch waren sie deshalb nichts wert? Ich fuhr die Straße entlang, sah ein Auto aus einer Nebenstraße herausschießen und dachte:

»Mein Gott, ich bin doch noch so jung!« Dann spürte ich einen gewaltigen Knall, sah meine Maschine über die Straße fliegen und eine Mauer auf mich zukommen.

Durch die Folgen dieses Unfalls war es mir nicht mehr möglich, einen Beruf auszuüben. Alle meine Träume und Ziele, die ich mir für mein Leben gesetzt hatte, zerplatzten wie Seifenblasen.

Doch mit den Jahren erkannte ich, daß das wahre Leben nicht nur von Gesundheit oder einer Berufsausbildung abhängt, sondern auch von Gott.

Eine Nacht auf dem Friedhof

Es war kurz vor Mitternacht, als ich vor dem Baseler Bahnhof saß und mir eine Fanta genehmigte, bevor ich mich zu einem Friedhof in der Nähe aufmachen wollte, um dort zu schlafen. Ich war so müde, daß ich am liebsten auf der Stelle eingeschlafen wäre. Plötzlich kam aus irgendeinem Winkel ein junger Mann zum Vorschein und fragte mich auf Englisch, ob ich wüßte, wo die nächste Jugendherberge sei.

»Ja, aber um diese Zeit wirst du da nicht mehr reinkommen«, sagte ich und nippte weiter an meiner Fanta.

Er sah mich ein wenig hilflos an und fragte: »Und du? Wo übernachtest du?«

»Auf dem Friedhof.«

»Du machst Witze, oder?« fragte er.

»Nein. Ich schlafe da ganz gut. Habe schon zweimal dort gepennt.«

Er guckte mich etwas verstört an: »Woher kommst du?«

»Ich komme aus Deutschland, und du bist Amerikaner, oder?«

»Ja, ich komme aus Tulsa, Oklahoma. Mache gerade eine Europareise.«

»Wie lange bist du schon unterwegs?«

»Zwei Wochen, und ich war schon überall«, erklärte er stolz.

»In zwei Wochen überall? Wie hast du denn das gemacht?«

»Das meiste mit dem Zug. Ich war in Paris, London, Rom, Berlin, Madrid und morgen werde ich mir Zürich angucken.«

Ich schüttelte den Kopf und dachte: »Nichts hast du gesehen. Hast die meiste Zeit im Zug verbracht.«

Er kam wieder auf seine erste Frage zurück. »Kannst du mich nicht zu diesem Friedhof mitnehmen? Ein Hotelzimmer kann ich mir nicht leisten.«

»Meinetwegen«, sagte ich und stand auf.

Während wir so dahintrotteten, meinte er: »Ich heiße Bill.«

»Renate.«

»Und was machst du? Ich meine, bist du auch unterwegs?«

»Wie du siehst.«

»Du bist nicht sehr gesprächig, oder?«

»Ich bin müde.«

Endlich hatten wir den Friedhof erreicht, und Bill stellte fest: »Über diesen Zaun komme ich nie rüber.«

Ich ging ein paar Meter weiter und sagte: »Aber hier kommst du durch.« An dieser Stelle war der Zaun nämlich kaputt, und man konnte durchkriechen.

Bill lachte: »Woher hast du das gewußt?«

»Vom letzten Mal.«

Auf der anderen Seite führte ich Bill an eine Stelle, wo man gut schlafen konnte. Danach kroch jeder in seinen Schlafsack, und ich sagte: »Gute Nacht!«

»Was ist, wenn jemand kommt?« fragte Bill.

»Wer soll denn kommen? Es ist nach Mitternacht. Da schlafen die Leute.«

»Ja, natürlich. Gute Nacht!«

Ich war gerade dabei einzuschlafen, da sagte Bill: »Bei uns in Oklahoma haben sie vor einigen Jahren einen Mann geschnappt, der nur Paare tötete. Ganz grausam hat er sie zugerichtet.«

»Erstens sind wir kein Paar und zweitens nicht in Oklahoma«, sagte ich.

»Geistesgestörte gibt es überall«, meinte Bill.

»Ja, aber nicht auf dem Friedhof.«

»Gute Nacht!« sagte Bill.

»Gute Nacht!«

Ein paar Augenblicke später sagte er: »Hoffentlich regnet es nicht.«

»Schau dir den Himmel an! Sternenklar.«

»Ja, und Vollmond haben wir auch.«

»Ja.«

»Gute Nacht!«

»Schlaf gut«, sagte ich.

Ich mußte wohl gerade eingeschlafen sein, da wurde ich von Bill wieder wachgerüttelt: »Hörst du das?«

»Was?« murrte ich.

»Schritte! Ich höre Schritte«, flüsterte er aufgeregt.

Ich versuchte mich zu konzentrieren und spitzte die Ohren. Irgend etwas hörte ich auch, aber wie Schritte kam mir das nicht vor. »Wer weiß, was das ist. Vielleicht ein Eichhörnchen«, sagte ich.

»Möglich«, sagte Bill.

»Ist doch auch egal«, meinte ich und drehte mich auf die andere Seite.

»Gute Nacht!« sagte Bill.

»Gute Nacht!«

Einige Sekunden später machte sich Bill an seinem Rucksack zu schaffen.

»Wenn das so weitergeht«, dachte ich, »drehe ich noch durch.«

Kaum hatte ich diesen Gedanken beendet, hörte ich leise Musik. Ich drehte mich um und traute meinen Ohren nicht: Bill hatte ein kleines Transistorradio in den Händen.

»Mach gefälligst das Ding aus! Ich will schlafen!« knurrte ich.

»Entschuldigung«, sagte er und legte es wieder in den

Rucksack. »Um wieviel Uhr wird der Friedhof eigentlich wieder aufgemacht?«

»Ich weiß es nicht. Können wir jetzt endlich schlafen?!«

»Ja, natürlich. Gute Nacht!«

»Gute Nacht!«

Ich brachte es tatsächlich noch einmal fertig, einzuschlafen, bis mich Bill abermals weckte. In dem Moment wußte ich wirklich nicht, ob ich lachen oder weinen sollte. »Was ist denn jetzt schon wieder?« brummte ich.

»Du, es tut mir furchtbar leid. Aber diesmal sind es wirklich Schritte.«

Ich setzte mich auf und hielt mir verzweifelt die Hände vors Gesicht. »Nein, da sind keine Schritte. Das sind diese Dinger, die vom Baum auf die Mauer und von da aus auf den Boden fallen.«

»Was für Dinger?«

»Weiß ich nicht. Ich kenne mich auf diesem Gebiet nicht aus. So komische Dinger eben.«

»Hm! Na dann gute Nacht«, sagte er.

Ich begab mich wieder in die Horizontale und schaute in den Himmel. Ich sah den großen Wagen, suchte den kleinen und freute mich über dieses herrliche Sternendach. Auf keinen Fall wollte ich wieder einschlafen, denn das ewige Aufwecken zerrte mehr an den Nerven, als mal eine Nacht gar nicht zu schlafen.

»Du schläfst ja gar nicht«, meinte Bill.

»Ich werde auch nicht mehr schlafen«, erklärte ich lächelnd.

»Ich bin auch nicht mehr müde«, meinte er.

Als der Morgen anbrach, verabschiedeten wir uns, und jeder ging seiner Wege.

Claudia und der sterbende Schwan

»Hast du große Angst?« fragte Claudia, die mit Uschi und mir auf einem Zimmer lag.

»Es geht. Aber ich hoffe doch sehr, daß es heute klappt«, sagte ich. Seit Tagen versuchten die Ärzte, bei mir Blut abzunehmen, doch ohne Erfolg. Ich muß dazu sagen, daß ich Epileptikerin bin und dazu sehr schlechte Venen habe.

»Also, ich schaue mir das nicht mehr mit an«, sagte Uschi.

»Brauchst du ja auch nicht«, meinte ich nur.

Kurz danach ging die Tür auf, und der Arzt kam herein. Er schaute mich beinahe verzweifelt an. »Es tut mir leid, Frau Kauffmann. Aber ich werde Sie jetzt so lange pieksen, bis ich genügend Blut für die Laborwerte habe.« Er strich mir über den Kopf: »Keine Angst. Ich bin ganz vorsichtig. Zeigen Sie mir erst mal Ihre Arme.«

Uschi fing an zu heulen und verließ das Zimmer.

»An den Armen dürfen Sie so viel stechen, wie Sie wollen. Das kann ich noch aushalten. Aber bei den anderen Körperteilen müssen wir einen Kompromiß schließen, ja?«

»Abgemacht«, sagte er.

Claudia öffnete ihren Nachtschrank. »Die Strichliste liegt jetzt vor mir. Sie können anfangen, Herr Doktor.«

Ich lachte, und der Arzt meinte: »Ihr beide seid doch total verrückt.«

Der gute Mann tastete mit seinen Fingern über meinen Arm und schüttelte unentwegt den Kopf. Dann schaute er sich die Innenseite meines Handgelenks an und meinte: »Das hier könnte gehen.«

»Das wird aber auch sehr weh tun«, sagte ich.

»Ich nehme eine ganz dünne Nadel. Wollen wir es mal probieren?«

Ich nickte nur und dachte: »Jesus!«

Als er die Nadel einführte, hielt ich den Atem an. Er drehte die Nadel immer wieder, schob sie vor und zurück und zog an der Spritze.

»Nichts!« sagte er nach einer Weile und zog sie wieder raus.

»Erster Fehlversuch!« stellte Claudia fest und machte einen Strich.

Ich lachte.

»Zeigen Sie mir mal den anderen Arm?«

Das gleiche Spiel.

»Hier auf dem Handrücken sieht es gar nicht so schlecht aus.«

Ich stöhnte.

Er stach zu, es tat weh, aber nicht ein Tropfen Blut kam zum Vorschein. Er zog die Nadel wieder raus und bat: »Zeigen Sie mir mal Ihre Füße.«

Er sah sich meine Füße an und begann mit seiner Arbeit.

Nach dem dritten Stich an einem Fuß hörte ich auf zu zählen. Ich biß die Zähne zusammen, bis ich restlos genug hatte. »Hören Sie auf! Es reicht!« sagte ich.

Er zog die Nadel raus. »Nichts zu machen. Nun bleibt nur noch der Hals oder die Leiste.«

»Nein! Mir reicht es jetzt!« sagte ich sauer.

»Ich muß es wenigstens versuchen. Zeigen Sie mal her!«

»Nein!«

»Frau Kauffmann! Es bleibt Ihnen nichts anderes übrig. Morgen sollen Sie operiert werden, und dafür brauchen wir Ihre Werte.«

»Nein! Gestern hat Ihr Kollege mich etliche Male am Hals und an der Leiste gestochen. Und was war? Nichts!«

»Frau Kauffmann!«

»Nein!«

»Nun lassen Sie sie doch endlich in Ruhe!« rief Claudia böse. »Sie ist doch keine Maschine! Wissen Sie eigentlich, wie viele Male sie die letzten Tage gestochen wurde? Ich wäre schon längst durchgedreht. Wissen Sie eigentlich . . .«

»Gib Ruhe, Claudia«, unterbrach ich sie. »Er tut das nicht aus Jux und Tollerei.« Ich schaute den Arzt an und sagte: »Von nun an lasse ich nur noch unter Narkose an mir herumstechen. Es tut mir leid, aber ich kann nicht mehr. Ich bin auch nur ein Mensch.«

»Das muß ich erst mal mit dem Chefarzt besprechen«, meinte er sauer und verließ unser Zimmer.

Kaum war er draußen, gingen mir die Nerven durch. Ich starrte stumm gegen die Decke und spürte, wie mir unaufhaltsam die Tränen übers Gesicht liefen. Plötzlich stand Claudia an meinem Bett und sagte: »Weine nicht mehr. Soll ich mal wieder den sterbenden Schwan spielen?«

Ich reagierte nicht, aber Claudia ließ sich nicht abhalten. Ein paar Sekunden später schaute ich mir das Schauspiel dann doch an und mußte mich bald vor Lachen schütteln. Es war einfach köstlich! Claudia brachte locker an die dreiundachtzig Kilo auf die Waage und spielte den sterbenden Schwan! Das Ganze glich eher einem sterbenden Nilpferd; besonders wenn Claudia die letzten Zukkungen von sich gab.

So etwas muß man gesehen haben! Die letzten zwanzig Sekunden ihres Aktes waren die anstrengendsten für das Zwerchfell. Wenn vorher noch ein Auge trocken geblieben war – diese Sekunden machten auch das noch vor Lachen naß. Ein letzter Flügelschlag, begleitet von leichten Zukkungen, die sie mit ihren Armen hervorragend beherrschte, und endlich das totale Zusammensinken ihres Körpers machten diesen Sterbeakt zu einer vollendeten Lachpille.

Ich lag in meinem Bett und japste nach Luft. In dem Moment kam Uschi wieder herein und sagte: »Daß du noch lachen kannst.«

»Tja, so ist das halt. Diese Frau ist Epileppi, aber happy«, meinte Claudia.

»Hör auf!« rief ich lachend. »Noch einen dummen Spruch, und ich platze vor Lachen.«

Einige Augenblicke später kam der Chefarzt rein und sagte: »Frau Kauffmann, wir haben eine Idee. Morgen früh bringen wir Sie in den Operationssaal und geben Ihnen erst mal eine Gasnarkose. Während Sie schlafen, suchen wir in Ruhe nach einer brauchbaren Vene, zapfen Ihnen Blut ab und schicken es ins Labor. Wenn wir die Werte haben, leiten wir die richtige Narkose ein. Na, ist das nichts?! Keine unnütze Quälerei mehr!«

»Das ist ja prima!« rief ich begeistert.

»Das finde ich auch. Für uns ist das auch eine Erleichterung, wir kamen uns schon wie Folterknechte vor. Sie haben aber auch wirklich schlimme Venen.«

»Danke!« rief ich begeistert und sprang aus dem Bett.

»Wo wollen Sie hin?« fragte der Chefarzt.

»Mit Claudia eine rauchen. Das muß doch irgendwie gefeiert werden, oder?«

»Aber ich habe Ihnen doch gesagt, daß Sie vierundzwanzig Stunden vor der Operation nicht rauchen sollen.«

»Das haben Sie das letzte Mal auch gesagt. Aber Ihre Begründung hat mich damals wie heute nicht überzeugt. Noch irgendwelche Fragen?« sagte ich lächelnd.

»Ja. Tun Sie eigentlich immer, was Sie wollen?«

»Nein.«

Er lachte und sagte: »Das kann ich mir beim besten Willen nicht vorstellen. Lassen Sie sich Ihre Zigarette schmekken! Und noch etwas: Mit der Begründung haben Sie gar nicht mal so unrecht.«

»Danke.«

Als ich nach dem Rauchen mit Claudia wieder aufs Zimmer kam, legten wir uns ins Bett. Uschi saß auf der Fensterbank. Nach einer Weile sagte sie: »Viel scheint dein Gott ja nicht zu bewirken.«

»Wie kommst du darauf?«

»Er hilft dir nicht!«

»Hm! Wie soll er mir denn nach deiner Meinung helfen?«

»Na ja, seit Tagen haben sie dich mit ihren Nadeln wie verrückt gestochen, aber sie haben nicht eine Vene gefunden, die was hergeben wollte. Konnte Gott da nicht eingreifen? Warum läßt er so etwas zu?«

»Warum das alles so ist, kann ich dir auch nicht sagen. Aber es stimmt nicht ganz, daß er mir nicht hilft. Ich habe Gottes Hilfe selten so erfahren, daß er die Schwierigkeiten, die Krankheit oder andere Probleme von mir fernhält, sondern daß er mir da durchhilft.«

»Und wie macht er das?« fragte Uschi neugierig.

»Wenn ich vor etwas große Angst habe, dann denke ich oft: ›So, Jesus, jetzt geht's los. Laß uns zusammen da durchgehen, denn alleine schaffe ich das nicht mehr.‹ Augen zu und mit Jesus durch, ist meine Devise, und es funktioniert. Er hat mir nie die Angst genommen, aber mit ihm konnte ich die Angst überwinden.«

»Aber wie tut er das denn?« fragte Uschi gereizt.

»Das weiß ich auch nicht. Ich weiß eigentlich nur, daß Angst allein kein Grund zum Weglaufen mehr ist. Es passiert mir nicht mehr so oft wie früher, denn ich weiß, daß man mit Jesus die Angst überwinden kann.«

Uschi legte sich nun aufs Bett und starrte eine geraume Zeit gegen die Decke: »Erzählst du uns heute abend deine Geschichte weiter? Ich bin schon ganz gespannt auf die Fortsetzung.«

»Mach ich.«

»Toll! Meine Freunde haben mich schon gefragt, ob sie wieder dabeisein und zuhören dürfen. Du hast doch nichts dagegen, oder?« fragte Claudia.

»Nein, nein.«

Seit Tagen war ich dabei zu erzählen, wie ich Christ geworden bin. Das Zimmer war jeden Abend gerammelt voll, denn Claudias Freunde und Uschis Verwandte hörten ebenfalls begeistert zu. Manchmal kam sogar die Nachtschwester herein, wenn sie nicht viel zu tun hatte. Mir bereiteten diese Abende sehr viel Freude, denn ich spürte, daß diese Leute eine große Sehnsucht nach Gott hatten.

Als der Tag meiner Entlassung kam, verabschiedete ich mich von Claudia. Uschi war schon ein paar Tage vorher gegangen.

»Werden wir uns wiedersehen?« fragte sie traurig.

»Ich glaube nicht. Aber ich werde dich und den sterbenden Schwan nie vergessen.«

Sie lächelte und fragte: »Sag mal, hast du schon mal daran gedacht, deine Geschichte aufzuschreiben?«

»Ja. Ich habe sogar schon damit angefangen. Aber vor einiger Zeit habe ich alles zur Seite geworfen, weil ich keinen Mut mehr hatte. Doch nun habe ich wieder welchen, denn daß ihr mir so gern zugehört habt, hat mir wieder Auftrieb gegeben. Ich glaube, ich kann die Geschichte jetzt zu Ende bringen.«

»Schön. Und nun wünsche ich dir alles Gute!«

»Ich dir auch, und wenn wir uns im Himmel wiedersehen, spielst du mir dann noch mal den sterbenden Schwan?«

Claudia lächelte: »Ich werde ihn ganz für dich allein spielen.«

Schweigende Zeugen

Die Anhäufung ihrer Gefühle auf dem Grund ihrer Seele war langsam nicht mehr zu ertragen. Es waren Gefühle, die nie gelebt wurden. Sie nannte sie die schweigenden Zeugen ihres Lebens. Sie hatten sich zurückgezogen, weil sie es nicht mehr ertragen konnten, daß man auf ihnen herumtrampelte. Doch nun, wo sie Gott kennengelernt hatte, wollte sie diese Zeugen wieder zum Sprechen bringen. Es wurde höchste Zeit zu reden, damit das neue Leben in ihr sich auch entfalten konnte. Aber die Zeugen hatten Angst. Wahnsinnige Angst!

Ihre Versuche, die Zeugen zum Sprechen zu bringen, schlugen immer wieder fehl. Verzweifelt bat sie Gott, doch endlich etwas zu unternehmen. Eines Tages mußte sie einsehen, daß Gott sie nicht einfach am Schopf packen und aus ihren Schwierigkeiten herausziehen würde. Ihrer Angst, Gefühle zu zeigen, mußte sie eine andere Strategie entgegensetzen.

Sie hatte in ihrem Leben alles Menschenmögliche versucht, um kühl und distanziert zu wirken, und das auch in beeindruckender Weise geschafft. Als aber Gott in ihr Leben kam, fing er an, ihre Gefühle wieder zum Leben zu erwecken. Sie spürte das und kämpfte gegen dieses Aufflakkern an. Bis sie merkte, daß sie sich eigentlich nur aus Angst und nicht aus Überzeugung dagegen sträubte. Das Verlangen, mit ihren Gefühlen richtig umgehen zu können, wuchs in ihr wie eine Pflanze, die plötzlich vom Dunkel ins Licht gestellt wird.

Eines Tages saß sie in der Sprechstunde ihrer Ärztin gegenüber und brachte keinen Ton heraus. »Sie wird mich auslachen«, dachte sie nur. »Sie wird es nicht verstehen und mich auslachen.« Gerade das hätte sie jetzt nicht ertragen können. Ihre Ärztin mußte etwas ahnen, denn sie saß schweigend da und wartete.

Obwohl sie es nicht wagte, sie anzusehen, spürte sie ihre Blicke. Sie, die Gefühllose, spürte plötzlich ihre Blicke!

»Wir kennen uns schon ziemlich lange, nicht wahr?« unterbrach die Ärztin das Schweigen.

Sie nickte nur, wagte es jedoch nicht, den Mund aufzumachen.

»Haben Sie doch ein bißchen Vertrauen!« sprach die Ärztin weiter, und die Gefühllose hörte die Traurigkeit aus ihrer Stimme heraus.

»Ich, ich . . .«, stotterte sie. Sie wollte sagen, daß sie sehr wohl Vertrauen hatte und es nur aus Angst nicht auf die Probe stellen konnte. Aber ihre Kehle war wie zugeschnürt.

»Ja?« fragte die Ärztin. »Versuchen Sie's doch mal.«

Plötzlich brach es wie ein Vulkan aus ihr heraus. Sie konnte ihre Tränen nicht mehr zurückhalten und schämte sich furchtbar. Sie, die Kühle, die nichts berühren konnte, weinte nun in Gegenwart dieser Frau. Gerade in ihrer Gegenwart! Wo sie ihr doch jahrelang weisgemacht hatte, daß alles, aber auch wirklich alles ihr den Buckel herunterrutschen konnte.

Und nun weinte sie! Nach einer Weile hatte sie sich wieder gefangen und sagte leise: »Ich habe Angst vor meinen eigenen Gefühlen.«

Danach wäre sie am liebsten im Erdboden versunken, so sehr erschrak sie über ihre eigenen Worte. Und nun erwartete sie, daß sich die Ärztin vor Lachen biegen würde.

Doch nichts dergleichen geschah. Die Ärztin schwieg und nickte ihr nur verständnisvoll zu.

»Was denken Sie jetzt von mir?« fragte sie ängstlich.

»Nun, ich denke, daß wir ein ganzes Stück vorangekommen sind«, antwortete die Ärztin und lächelte dabei.

Ihr schien es ein glückliches Lächeln, und das war es auch, denn sie spürte die Erleichterung, die es in ihr hervorrief.

Begegnung in der Notaufnahme

Damals hatte ich die Angewohnheit, vor dem Zubettgehen noch einen Spaziergang zu machen. An jenem Abend war es mal wieder sehr spät geworden, doch ich wollte unbedingt noch ein bißchen frische Luft schnappen. Wie lange ich schon spazierengegangen war, kann ich nicht sagen. Irgendwann fand ich mich in einem Rettungswagen wieder. Der Notarzt versuchte mir einen Zugang für eine Infusion zu legen, doch bei meinen schlechten Venen hatte er keinen Erfolg.

»Ich brauche keinen Zugang«, sagte ich nach einer Weile. »Ich hatte nur einen epileptischen Anfall.«

»Hm«, machte er, stellte noch ein paar Fragen und nickte dann.

Als wir endlich da waren, wurde ich auf einer Trage in die Notaufnahme geschoben. Da die Behandlungszimmer belegt waren, stellte man mich erst mal im Gang ab. Normalerweise mache ich mich immer gleich aus dem Staub, doch diesmal ging das nicht, denn jedesmal, wenn ich meinen Kopf hob, wurde mir schwindelig. Außerdem fühlte ich noch eine dicke Beule am Kopf.

Einen Augenblick später kam eine Krankenschwester auf mich zu, die ich gut kannte.

»Hallo! Oh! Das sieht aber gar nicht gut aus. Ich hole Ihnen gleich mal einen Eisbeutel.«

Als sie mit dem Eisbeutel zurückkam, sagte sie: »Der Doktor hat gesagt, daß Sie erst mal zum Röntgen sollen. Aber ich wette, damit sind Sie gar nicht einverstanden, oder?« fragte sie grinsend.

»Erraten. Wenn ich mich jedesmal röntgen lassen würde, wenn ich auf die Birne geknallt bin, hättet ihr mein

Hirn innerhalb eines Jahres weggeröntgt. Ich habe nur eine leichte Gehirnerschütterung, weiter nichts. Sobald es mir wieder besser geht, werde ich gehen.«

Sie lachte. »Na, dann hole ich gleich mal das Formular.« Auf dem Formular stand, daß der Patient auf eigene Verantwortung das Krankenhaus verließ. Ich habe bestimmt schon Hunderte von den Dingern unterschrieben und es nicht einmal bereut.

Heute war in der Notaufnahme der Bär los. Immer mehr Leute wurden auf den Gang geschoben, bis ein Untersuchungsraum für sie frei wurde. Ein kleiner Junge wurde in Begleitung seiner Mutter eingeliefert, weil er Bauchschmerzen hatte. Der Arme war ganz bleich im Gesicht, und die Mutter sagte immer wieder: »Wo bleibt denn nur der Arzt?«

Ein paar Minuten später wurde ein Mann eingeliefert, der sich den Arm gebrochen hatte. Der Arm war ganz schief, und der Mann konnte seinen Blick nicht von ihm abwenden.

Ich mußte lachen und sagte: »Vom Angucken wird er auch nicht gerade.«

Er schmunzelte. »Naja, aber der sieht doch wirklich komisch aus, oder?«

»Gebrochene Glieder sehen immer etwas abstrakt aus«, sagte ich.

»Haben Sie sich schon mal etwas gebrochen?«

»Ja, aber Knochen heilen schnell, wenn man jung ist.«

»Wie lange wird es dauern?«

»Drei Wochen, denke ich.«

»Ist ja toll!« sagte er. – »Wie bitte?!«

»Naja, ich arbeite beim Finanzamt, und dieser Job ist so öde, daß mir ein gebrochener Arm da gerade recht kommt.«

»Wie ist das denn passiert?« fragte ich.

»Eigentlich darf man das gar keinem erzählen. Ich habe mir nämlich die Tage ein Hochbett gebaut. Gestern war es fertig, und mit meinen Freunden wurde die Sache dann mit ein paar Flaschen Bier eingeweiht. Es war schon spät, als sie gingen, und ich legte mich sofort ins Bett. Irgendwann wachte ich auf, weil ich mal auf die Toilette mußte, und stieg so aus dem Bett, wie ich es alle Jahre vorher auch gemacht hatte. Dabei hatte ich natürlich vergessen, daß ich zwei Meter höher lag als sonst. Nun, das Resultat kann man sehen«, sagte er und schaute auf den Arm.

Ich lachte mich kaputt. »Zwei Meter im freien Fall! Einfach köstlich! Ich kann mir das richtig vorstellen: Schlaftrunken wachen Sie auf, das Bier noch im Hirn, und dann steigen Sie einfach aus. Zum Totlachen!«

Der Mann mußte unweigerlich mitlachen, und so kicherten wir eine Weile vor uns hin. Als wir uns wieder beruhigt hatten, sagte er: »Und Sie? Wo haben Sie die Beule her?«

»Ich bin auch gefallen, aber nicht aus dem Bett. Ich hatte einen epileptischen Anfall.«

»Hm!« machte er mit einer besorgten Miene. »Mein Bruder hatte das auch und ist vor fünf Jahren daran gestorben.«

»An irgend etwas wird jeder mal sterben«, sagte ich so gleichgültig, wie es eben ging.

Er lächelte mich an und fragte: »Und was machen Sie beruflich?«

»Ich bin Dachdecker«, scherzte ich, und kaum hatte ich das gesagt, da platzten wir beide wieder los. Unsere Tragen quietschten richtig, so sehr schüttelten wir uns.

Eine halbe Stunde später konnte ich meinen Kopf wieder anheben, ohne daß mir schlecht wurde, und ich verabschiedete mich.

Gebetsregeln in der Gemeinschaft

Man schließt die Augen und versucht, seinem Gesicht einen tiefreligiösen Ausdruck zu geben. Gelingt das nicht, beugt man sich leicht nach vorne und senkt den Kopf. Sobald das erste Anliegen vor Gott gebracht wird, ist es empfehlenswert, hin und wieder mal ein »O ja, Herr«, einzustreuen. Ein leichtes Stöhnen macht die Sache dann noch geistlicher und läßt die anderen glauben, daß man mit Leib und Seele bei Gott ist. Man achte aber auch sehr genau auf die Tonlage seiner eigenen Stimme. Am geeignetsten ist eine bedächtige, hochkonzentrierte und vor allen Dingen langsame Ausdrucksweise.

Hüte dich davor, aufrecht und mit offenen Augen in der Gebetsrunde zu sitzen, denn hin und wieder schauen die »gebeugten« Mitglieder auf und werden deine »lasche« Haltung »zur Kenntnis nehmen«.

Wenn du deine Anliegen ebenfalls vorbringen willst, dann vermeide unter allen Umständen den »Telegrammstil« und die »Mach-Gebete«. Sag zum Beispiel nie: »Lieber Gott, mach mich wieder gesund und besorge mir doch bitte einen Job.« Sondern: »Herr, wenn es dein Wille ist, dann segne mich mit Gesundheit. Und wenn du meinst, daß ein anderer Job für mich dran ist, um dir noch besser dienen zu können, dann segne mich doch bitte mit einer Stelle, die nur dich verherrlicht.«

Vergiß nie zu sagen: »Wenn es dein Wille ist«, sonst könnten die anderen glauben, daß deine Wünsche ausschließlich egoistische Motive haben.

Wenn die Gebetsrunde zur Ende ist, mach um Himmels willen nicht den Fehler, »erleichtert« aufzuatmen. Bleibe in deiner Verkrampfung und versuche, die anderen davon zu überzeugen, daß auch diesmal Gottes Geist durch dich gesprochen hat, und nicht du selbst. Das tust du am besten, wenn du dich leicht zurücklehnst und dann leise sagst: »Gelobt sei Jesus Christus.«

Ich gebe zu, daß es Jahre dauert, diese Haltung perfekt zu beherrschen, aber sie ist in manchen Kreisen unerläßlich. Vielleicht gehörst du ja zu den Leuten, die es eines Tages schaffen. Du mußt halt kräftig üben!

Zwei Karten für den wilden Oskar

Mann, war das ein Wochenende! Freitag abend kam Sabine vorbei und bat mich, den nächsten Tag zwei Theaterkarten zu kaufen, weil sie am Wochenende nicht da sein würde. Ich war müde, konnte mich kaum noch konzentrieren, und nach ein paar Minuten war Sabine auch schon wieder verschwunden. Sie ließ einen Zettel zurück, auf dem sie den Namen des Stückes aufgeschrieben hatte.

Als ich am nächsten Morgen aufwachte, war es schon reichlich spät. Ich hüpfte aus dem Bett, wünschte Jesus einen guten Morgen und machte mich schnell fertig. Danach schaute ich mir noch mal den Zettel an und las: »Der wilde Oskar«. »Ist bestimmt ein lustiges Stück«, dachte ich und rannte aus dem Haus.

An der Theaterkasse sagte ich: »Zwei Karten für den wilden Oskar, bitte!« Allgemeine Erheiterung. Ein wenig verwirrt meinte ich: »Ich komme wohl zu spät. Schon längst ausverkauft, nicht wahr?« Lautes Gelächter.

»Der wilde Oskar wird hier nicht gespielt, aber ich glaube, daß Sie zwei Karten für den Wilden Osten haben möchten«, sagte der Mann an der Kasse lächelnd.

»Oh! Ja, das ist möglich!«

»Tut mir leid, aber die sind ausverkauft.«

»Auch gut«, sagte ich, und die Leute hinter mir fingen abermals an zu lachen. Ich ging etwas durcheinander nach Hause und schaute mir den Zettel noch mal genauer an. Nun las ich auch »Osten« und nicht »Oskar«, schüttelte den Kopf und ging in die Küche, um mir endlich einen Kaffee zu machen.

Doch das sollte nicht die einzige Überraschung bleiben. Ich saß kaum eine Minute, da klingelte es an der Haustür.

Durch die Sprechanlage tönte eine Stimme: »Hallo, Renate. Hier ist Gail. Bin auf der Durchreise und möchte das Wochenende bei dir bleiben.«

Gail ist Australierin und genauso eine Weltenbummlerin wie ich. Als sie in der Tür stand, hatten wir beide Freudentränen in den Augen.

»Gosh!« sagte ich nur und drückte sie ganz fest an mich. »Hast du Hunger?«

»Jetzt noch nicht, aber in ein bis zwei Stunden bestimmt.«

Meine Freundschaft mit Gail begann kurios. Das erste Mal begegneten wir uns in London. Wir wohnten im gleichen Hotel. Einige Minuten nach einem Anfall kam ich in die Küche, um mir einen Kaffee zu machen. Als ich die Küche betrat, überraschte ich Gail dabei, wie sie vor ein paar Gästen einen Anfall nachäffte und alle sich darüber halbtot lachten.

Was in diesem Moment in mir vorging, kann ich gar nicht beschreiben. Es lief alles so schnell ab, daß ich gar nicht kapierte, was mit mir geschah. Urplötzlich hatte ich eine Pfanne in der Hand und donnerte sie ihr vor den Kopf. Sie fiel nach hinten und sagte keinen Mucks mehr.

Erst als die Sanitäter und die Polizei in der Küche standen, ahnte ich, was ich angerichtet hatte. Weil ich keinen festen Wohnsitz angeben konnte, nahm mich die Polizei gleich an Ort und Stelle fest. Ich stand unter einem so gehörigen Schock, daß ich mich nicht mehr daran erinnern konnte, wie ich in die Zelle kam. Irgendwann fand ich mich halt dort wieder und hatte die ganze Nacht Zeit, über meine Tat nachzudenken.

»Du hast einen Menschen umgebracht«, dachte ich immer wieder entsetzt. Damals kannte ich Jesus noch nicht, und das machte die Sache noch unerträglicher, als sie eh schon war. Als sich am nächsten Morgen die Zellentür öffnete, dachte ich: »So, jetzt bringen sie dich in ein richtiges Gefängnis.«

Ich muß wohl leichenblaß gewesen sein, denn der Polizist sagte: »In diesem Zustand lasse ich Sie nicht gehen. Sie werden jetzt erst mal etwas essen, und wenn es Ihnen besser geht, dürfen Sie wieder ins Hotel zurück.«

»Was?« fragte ich verdattert.

»Ja, Sie dürfen gehen. Ihre ›Freundin‹ hat ausgesagt, daß sie auf dem glatten Küchenboden ausgerutscht ist, und sie könnte sich nicht erklären, wie die anderen so eine blöde Zeugenaussage machen konnten.«

»Sie lebt!?«

»Ja. Sie hat zwar eine schwere Gehirnerschütterung, aber in einer Woche wird sie das Krankenhaus wieder verlassen können. Ich soll Ihnen übrigens schöne Grüße von ihr bestellen.«

Nun brach alles aus mir heraus. Ich heulte wie ein Schloßhund und konnte mich gar nicht mehr beruhigen.

Der Polizist legte den Arm um meine Schulter und sagte: »Ich weiß zwar nicht, was wirklich passiert ist, aber Ihre Freundin scheint ein Pfundskerl zu sein.«

»In welchem Krankenhaus liegt sie denn?« fragte ich schluchzend.

»St. Stephans. Wenn Sie möchten, bringen wir Sie gern dahin.«

»O ja, bitte!« sagte ich.

Als ich vor ihrem Bett stand, mußte ich wieder weinen.

Gail lächelte mich an und sagte: »Du brauchst dich nicht zu entschuldigen. Geschah mir ganz recht. Das war furchtbar gemein von mir. Bitte verzeih mir. Glaubst du, daß wir Freunde werden könnten? Ich habe schon immer

Leute gesucht, die einem so frontal ihre Meinung vor den Kopf knallen.« Sie fing an zu lachen.

Jetzt mußte ich auch lachen und sagte: »Nun, wir können es ja mal probieren.«

Und was für Freunde wir wurden! Wir hielten zusammen wie Pech und Schwefel. Jedesmal, wenn wir eine Pfanne sahen, wurden wir von Lachkrämpfen geschüttelt. Das war anfangs so schlimm, daß wir manchmal richtig Angst hatten, eine Küche zu betreten.

Nun saßen wir uns also in meiner Wohnung gegenüber und lächelten uns an. Nach einer Weile erzählten wir, rollten alte Zeiten auf und kamen uns vor, als ob wir schon hundert Jahre auf der Welt wären. Was hatten wir zusammen alles erlebt! Einfach toll!

Langsam fingen unsere Mägen an zu knurren, und ich sagte: »Komm! Laß uns in die Tiefkühltruhe schauen und sehen, was wir in die Mikrowelle stellen können.«

Daß ich außer Lebensmitteln noch etwas anderes in der Kühltruhe aufbewahrte, hatte ich zu diesem Zeitpunkt ganz vergessen. Als ich die Tür aufmachte, stieß Gail einen spitzen Schrei aus. Ein Marder starrte uns mit weitaufgerissenen Augen an.

Ich lachte und sagte: »Keine Sorge. Der ist von meiner Freundin. Sie ist Försterin, und ein- bis zweimal im Monat bringt sie mir Tiefkühlkost vorbei. Hin und wieder ist halt auch mal ein Marder oder ein Wiesel dabei. Die bringe ich dann zu einem Präparator. Dort werden sie ausgestopft, und meine Freundin hängt sie dann in dem Jugendwaldheim auf, das sie zur Zeit betreut.«

»Du bist verrückt«, meinte Gail.

Als das Essen auf dem Tisch stand, sagte ich: »Laß es dir schmecken.«

»Ich würde mich freuen, wenn du vorher ein Gebet sprichst«, meinte sie.

Mit offenem Mund schaute ich sie an.

»Mach den Mund zu«, sagte sie lächelnd.

Ich machte den Mund zu, kriegte ihn aber nicht wieder auf. Ein paar Augenblicke später hörte ich Gail sagen: »Gott, ich danke dir für den schönen Tag, Amen.«

Mir blieb das Herz stehen, denn als ich Gail das letzte Mal sah, wollte sie von Gott absolut nichts wissen.

Ich fing an zu essen und traute mich nicht, etwas zu fragen. Nach einer Weile erklärte sie: »Ich rede die letzte Zeit viel mit Gott, und so langsam fange ich auch an zu glauben. Meine Hoffnung, daß ich in Gott den Sinn des Lebens finden kann, ist groß. Ich würde mich freuen, wenn du mir dabei ein bißchen hilfst.«

Ich war so glücklich, daß ich immer noch kein Wort über die Lippen brachte.

»Montag früh fliege ich zurück nach Australien. Ich bin das Reisen leid, aber wenn ich nach Hause komme, erwartet mich das Nichts. Ich habe Angst.«

Wie gut kannte ich dieses Gefühl! Nicht zu wissen, wohin man gehört, und immer wieder die Frage nach dem Sinn des Lebens zu stellen. Wie klein kann der Mensch dadurch werden! Das ganze Wochenende suchten wir nach Trost in der Bibel, und als ich Gail zum Bahnhof brachte, sagte sie: »Es war schön. Ich werde dich anrufen.«

»Alles Gute! Ich werde zu Gott beten und ihn bitten, daß dein Vater nicht mehr böse auf dich ist und dich wieder ins Haus läßt.«

»Tu das! Denn dann wird alles gut.«

Als der Zug abgefahren war, wischte ich mir schnell ein paar Tränen aus dem Gesicht und betete: »Lieber Gott, mach, daß Gails Vater auf seine Tochter wartet. Danke.«

Ich bin Epileptiker

Ich bin Epileptiker, im Klartext heißt das: Blöd. Nun, es ist gar nicht so einfach, immer blöd zu sein, aber was soll man machen? Schließlich bemühe ich mich, so gut es geht, den Erwartungen der Gesellschaft gerecht zu werden.

Mit den Jahren habe ich gelernt, meine Rolle perfekt zu spielen, mit großem Erfolg. Längst habe ich es aufgegeben, die Menschen davon zu überzeugen, daß Epileptiker genauso normal oder unnormal wie andere Menschen sind. Das hat überhaupt keinen Zweck, denn Epileptiker sind alles andere als normal. Sie sind und bleiben schwachsinnig.

Jahre habe ich gebraucht, um das endlich einzusehen, doch nun geht es mir viel besser. Ich weiß mit meiner Beschränktheit umzugehen und kann damit sogar ganz gut leben. Ja, es fällt mir gar nicht mehr so schwer, blöd zu sein. Wenn ich ehrlich bin, macht es mir sogar Spaß.

Ich verstehe nichts! Verstehen Sie? Denn ich bin Epileptiker, ein hirnverbranntes Wesen, kann weder schreiben, noch lesen und fresse täglich einen Besen. Ich bin Epileptiker, im Klartext heißt das: Blöd. Neurotisch, psychotisch und idiotisch – aber durch und durch erotisch. Igittigitt!

Ich bin Epileptiker und oft total verwirrt (irgendwie finde ich, daß erotisch und idiotisch überhaupt nicht zusammenpaßt), denn auch meine Persönlichkeit ist hoffnungslos gestört.

Nun, was soll ich sagen? Ich verstehe Ihre Frage nicht. Wenn ich nur wüßte, was Sie meinen. Wissen Sie, ich bin Eleptiker ... Wie bitte? E*pi*leptiker und nicht etwa Eleptiker? Oh! Nun gut. Also, ich bin E-pi-lep-ti-ker und kann Sie nicht begreifen. Wo kämen wir denn auch hin, wenn jeder jeden angrabschen würde?! Was sagten Sie? Begreifen hat nichts mit anfassen zu tun. Oh! Das habe ich nicht gewußt. Entschuldigen Sie bitte, aber könnten Sie mir die ganze Sache noch mal erklären?

Wie bitte? Ich verstehe Sie nicht. Ach, wenn ich nur wüßte, was Sie meinen. Könnten Sie Ihre Frage noch mal wiederholen?

Warum gucken Sie denn so entsetzt? Wissen Sie, ich bin Eleptiker, und ich brauche mehr Zeit als andere, bevor ich jemanden angreife.

Was? Nicht angreifen, sondern begreifen. Oh! Entschuldigen Sie bitte, aber könnten Sie mir die ganze Sache noch mal erklären?

Aber wo laufen Sie denn? Wo laufen Sie denn hin? Um Himmels willen, so bleiben Sie doch. Ich möchte Sie doch so gern angreifen.

Wenn Gott die Backen aufbläst und dann kräftig pustet . . .

Es war ein herrlicher Sommertag, und ich wollte gerade meine Wohnung verlassen, als das Telefon klingelte.

»Hallo Renate! Hier ist Jörg. Hast du diese Woche schon einen Anfall gehabt?«

»Ja, gestern. Warum fragst du?«

»Das ist ja prima! Dann kannst du ja mit zum Fallschirmspringen kommen.«

»Toll! Hast du denn einen Schirm für mich?«

»Klar doch! In einer halben Stunde hole ich dich ab, ja?«

»Stehe unten vor der Tür«, sagte ich fröhlich.

Fallschirmspringen tat ich wahnsinnig gern. Leider konnte ich diesen Sport immer nur ausüben, wenn Jörg dabei war. Er hat mir das Springen beigebracht, weil die Clubs Epileptiker nicht »so gern« ausbilden.

»Ist mir völlig unverständlich«, sagte ich einmal zu Jörg. Wir waren nahe daran, uns totzulachen.

Ich sprang immer mit einem automatischen Sprungfallschirm. Der wird mit einer Aufziehleine im Flugzeug befestigt oder an einer bestimmten Stelle eingehakt. Ungefähr drei Sekunden nach dem Sprung aus dem Flieger öffnet sich der Schirm, und man schwebt glücklich zur Erde.

Als ich neben Jörg im Auto saß, sagte er: »Diesmal springen wir in H. Ist zwar eine blöde Gegend, aber mit dem Steuern klappt es ja schon ganz gut bei dir, nicht?«

»Ich weiß nicht, ich bin dabei noch sehr unsicher.« »Wird schon klappen. Wir haben heute so gut wie keinen Wind.«

»Na, dann ist ja gut«, sagte ich erleichtert.

Endlich war es soweit. Ich saß in der Maschine und wartete auf das Zeichen zum Absprung. Hans gab es mir dann auch – jedenfalls dachte ich das -, und schon jumpte ich raus. Ich spürte nur noch einen kräftigen Ruck, sah, wie der Fallschirm sich öffnete, und dann war es zappenduster.

Als ich wieder erwachte, hing ich ein paar Meter über dem Boden in einem Nadelbaum. Mir tat alles weh, und ich wußte nicht, was ich zuerst tun sollte. »Scheiße«, dachte ich. »Jetzt steckst du in ganz schönen Schwierigkeiten, und deine Freunde nicht minder.«

Ich war mir sicher, daß man mich bald holen würde, denn es ist immer jemand am Boden, der von da aus die Situation beobachtet.

Nach einer Weile hörte ich dann auch Motorengeräusche, und einen Augenblick danach standen Jörg und Fritz schon vor mir oder, besser gesagt, unter mir.

»Hallo Jungs!« sagte ich mit einem gequälten Lächeln.

»Du Idiot! Du hirnverbrannte, dumme Kuh!« brüllte Jörg. »Du bist viel zu früh abgesprungen! Warum hast du nicht auf das Zeichen gewartet?«

»Aber ich dachte, daß Hans genickt hätte.«

»Seit wann geben wir derartige Absprungzeichen? Ein Schlag auf die Schulter ist unser Zeichen. Bist du noch zu retten!? Das hätte auch ohne Anfall dein Tod sein können! Und warum hast du heute wieder einen gekriegt? Ich denke, du hattest gestern einen?« »Hatte ich ja auch. Ist mir selber unerklärlich. Scheint wohl heute nicht mein Tag zu sein.«

»Das darf doch nicht wahr sein! Ist das alles, was du dazu zu sagen hast? Heute ist nicht mein Tag?« brüllte er weiter.

»Was würdest du davon halten, wenn du dir deine Wut bis nachher aufhebst. Ich finde es hier oben nicht gerade gemütlich.«

Fritz und Jörg halfen mir aus meiner prekären Lage und legten mich behutsam auf den Boden.

»Was tut weh?« fragte Fritz.

»Alles, aber gebrochen scheint nichts zu sein. Noch mal Glück gehabt!«

Die beiden schauten mich plötzlich an, als ob ich von einem anderen Stern wäre. Jörg hatte Tränen in den Augen. »So langsam wirst du mir unheimlich. Als wir sahen, wie du auf die Hochspannungsleitung zutriebst, dachten wir, es ist aus mit dir. Niemand sagte auch nur einen Ton, wir waren wie gelähmt. Aber plötzlich erfaßte dich eine Bö, und du bekamst so einen Auftrieb, daß du einige Meter über die Leitung hinweggetragen wurdest. So etwas haben wir noch nie gesehen. Uns kommt das vor wie ein Wunder, denn dieser Tag ist beinahe windstill.«

Ich lachte: »Tja, wenn Gott die Backen aufbläst und dann kräftig pustet, dreht sich der Wind, oder man bekommt einen Auftrieb!«

Jetzt lachten Fritz und Jörg auch. Und wie sie lachten! Sie legten sich zu mir auf den Boden und krümmten sich regelrecht. Fritz machte ganz dicke Backen und pustete wie verrückt. Das sah furchtbar komisch aus, denn er bekam richtige Glubschaugen.

Als wir uns wieder beruhigt hatten, meinte Fritz: »Wenn du von Gott erzählst oder irgendwelche Äußerungen über ihn machst, finde ich das richtig schön. Du machst ihn mir irgendwie menschlich, verstehst du?«

»Nee.«

»Na ja, ich gehe selten in die Kirche. Aber wenn ich mir mal eine Predigt anhöre, habe ich hinterher immer das Gefühl, Gott ist für mich unerreichbar. Doch wenn du von ihm erzählst, dann denke ich oft, Gott ist mir so nahe wie ein Mensch, wenn nicht noch näher.«

»Mir geht es auch oft so«, sagte Jörg. »Weißt du noch? Damals, als ich so furchtbaren Bockmist gebaut hatte? Du zucktest nur mit den Achseln und sagtest, daß Gott mir deshalb nicht den Kopf abreißen würde, denn er sei ein ganz feiner Kerl. Und wenn ich auch nicht an ihn glauben würde, so sollte ich wenigstens zu ihm gehen und um Verzeihung bitten. Das habe ich dann auch wirklich gemacht. Ich habe gesagt: ›Gott, ich glaube nicht an dich, aber ich möchte dich trotzdem um Verzeihung bitten.‹ Hinterher war mir dann viel wohler. Ja, ich fühlte mich kolossal.«

»Ist ja irre!« rief ich begeistert.

»Ja, total irre!« meinte Fritz trocken, und nun fingen wir alle drei gleichzeitig an zu lachen. Was waren wir plötzlich glücklich! Die ganze Welt hätten wir umarmen können.

An diesem Tag gab ich das Fallschirmspringen auf, denn ich mußte einsehen, daß meine Anfälle nicht mehr kalkulierbar waren. Heute erinnert nur noch ein Fallschirmspringer in Öl an diese Zeiten.

Eine typisch deutsche Liebesgeschichte

Ungeduldig schaute sie auf die Uhr. Noch eine Stunde, und sie würde endlich Feierabend haben. Sie sehnte sich schon sehr nach ihrem Schatz, und als die Sehnsucht überhandnahm, verlor sie sich in Erinnerungen.

Drei Jahre kannten sie sich schon. Der berühmte Funke war übergesprungen, als sie sich das erste Mal gesehen hatten. Er war nicht gerade groß, aber dafür von einer Gestalt, die Vertrauen einflößte. Schon einige Tage nach ihrem ersten Treffen zogen sie zusammen, und beide bereuten es bis heute nicht. Er war treu wie kein anderer, und das schätzte sie am meisten.

Daß er sie liebte, konnte er ihr nie sagen, aber das war auch gar nicht nötig. Sie brauchte ihm nur in die Augen zu schauen, und schon spürte sie seine Zuneigung so heftig, daß Ströme des Glücks sie durchfluteten. Jetzt, wo sie daran dachte, fühlte sie die dumpfen Schläge ihres Herzens.

Der letzte Urlaub kam ihr in den Sinn, wie sie gemeinsam am Strand lagen. Die wohltuende Ruhe, die sie in seiner Gegenwart empfand. Sie dachte an die Spaziergänge, die sie jede Nacht vor dem Schlafengehen machten. Schweigend gingen sie dann nebeneinander her, warfen sich hin und wieder zärtliche Blicke zu und wurden sich des Glücks bewußt, daß sie sich finden durften.

Jeden Morgen weckte er sie zärtlich, aber wenn sie nicht gleich darauf reagierte, wurde er ungeduldig und zog ihr stürmisch die Bettdecke weg. Er brauchte halt sein morgendliches Jogging.

Sie konnte seinen Drang nach Bewegung gut verstehen, denn bevor der Alltag richtig begann, der die meiste Zeit im Sitzen verbracht wurde, mußte auch sie ein wenig Sport treiben. Abends war sie einfach zu müde dazu, und so joggten sie beide jeden Morgen durch den Stadtpark.

Oft konnte sie mit seinem Tempo nicht mithalten, doch das störte weder sie noch ihn. Er rannte einfach wieder zu ihr zurück, wenn er sich schon eine beachtliche Strecke von ihr entfernt hatte.

An all das dachte sie und konnte es nicht erwarten, daß endlich Feierabend war.

Plötzlich spürte sie den Wunsch, ihm eine ganz besondere Freude zu machen. Sie würde ihm heute sein Lieblingsgericht servieren!

Nach Büroschluß eilte sie sofort zum Supermarkt und kaufte die teuerste Dose Hundefutter. Die mit zartem Rindfleisch im eigenen Saft. Und zum Nachtisch dürfte er ausnahmsweise mal ein Stück Schokolade essen. Ach, was wäre sie nur ohne ihren Rauhhaardackel!

Der Abschied

Nun war es also soweit. Man wollte ein letztes Mal den Abend zusammen verbringen, um sich dann endgültig zu trennen. Noch eine Stunde, und er würde vor ihr stehen. Bei dem Gedanken, daß sie ihn danach nie wiedersehen würde, hätte sie am liebsten losgeheult.

Als er sein Büro verließ, schaute er noch einmal hastig auf die Uhr. In einer knappen Stunde würde er bei ihr sein, und man würde sich verabschieden. Er ertappte sich dabei, wie er verstohlen ein paar Tränen fortwischte. Als er im Auto saß, hoffte er verzweifelt, daß er bald aufwachen und feststellen würde, daß alles nur ein böser Traum war.

Es wurde langsam dunkel. Ungefähr zehn Minuten war er noch von ihr entfernt. Wie das Tageslicht würde an diesem Abend auch die Liebe sterben.

Sie wartete nervös auf ihn. Sie würden sich treffen, um sich gegenseitig alles Gute zu wünschen, in Freundschaft auseinandergehen und sich gegenseitig versichern, daß man den anderen wirklich nicht mehr liebte.

Ihr Herz stand für einen Augenblick still, als er an ihrer Wohnungstür klingelte. Sein Herz raste, als sie ihm öffnete. Für einen Moment standen sie sich schweigend gegenüber. Er lächelte sie an, aber seine Augen schauten sie verzweifelt und traurig an. Sie wendete ihren Blick ab, damit er ihre Tränen nicht sehen konnte.

Bei einer Flasche Wein und ein paar Knabbereien saßen sie sich dann gegenüber, wobei jeder darauf bedacht war, ja nicht die Fassung zu verlieren.

»Na, wie war deine Woche?« fragte sie mit einem bewußten Ausdruck von Zerstreutheit, um zu betonen, daß sie das ja eigentlich nichts mehr anging.

»Es ging, und wie war's bei dir?« fragte er und versuchte, in seine Worte einen Ausdruck von Sicherheit zu legen, die er nicht im geringsten empfand. Bleierne Schwere breitete sich aus. Der Gedanke des Abschieds, dieser endgültigen Trennung, hatte etwas derart Beklemmendes an sich, daß beide lange Zeit kein Wort über die Lippen brachten. Ja, man schwieg und trank den Wein hastiger als sonst. Jeder hoffte, daß der Wein die Zunge des anderen lösen würde.

»Mein Gott«, dachte sie. »Ich liebe diesen Mann immer noch. Ich darf ihn nicht gehen lassen.« Kaum hatte sie das gedacht, da traf sie sein Blick.

Er fühlte das, was sie nicht sagen konnte. Menschen wie er fühlen so etwas. Alles in ihm war aufs äußerste gespannt. Er hoffte, daß sie es endlich einmal wagte, diesen Gedanken auszusprechen.

Plötzlich spürte sie: Er liebte sie immer noch. Ihre ganzen zusammengerafften Kräfte, die sie die ganze Woche über gesammelt hatte, um ihm zu sagen, daß sie nichts mehr für ihn empfinde – um ihm diese Lüge sagen zu können –, begannen sich in nichts aufzulösen.

Er spürte ihre Erregung, ihren Kampf, um nur ein Wort sagen zu können: »Bleib.« Er war der einzige, der ihr jetzt dabei helfen konnte, dieses Wort auszusprechen, und der einzige, der das gerade jetzt nicht tun durfte. Er wußte, was in diesem Augenblick in ihr vorging, worunter sie litt. Sie allein mußte es fertigbringen zu sagen, daß er bleiben sollte, weil sie ihn brauchte. Er durfte sie nicht fragen, ob er bleiben konnte, er durfte es einfach nicht.

In ihrem Kopf begann es zu rauschen. Sie schien ins Bodenlose zu stürzen. »Mein Gott«, dachte sie, »wie kann man einen Mann nur so sehr lieben, daß man Angst davor bekommt? Das ist doch alles schizophren.«

Und dann brach es aus ihr heraus. »Bitte, bleib«, sagte sie und war erschrocken über die Lautstärke ihrer eigenen Stimme. Nun hatte sie es gewagt, hatte es das erste Mal in ihrem Leben geschafft, so etwas auszusprechen.

Er tobte vor Glück, stieß einen Jubelschrei aus und küßte sie.

Sie war als Mensch auf die Welt gekommen

Wenn die Tage zu kalt waren oder der Himmel seine Wasservorräte eimerweise ausschüttete, hielt sie sich die meiste Zeit in Imbißstuben auf. Dort war es warm und trocken, und man fiel kaum auf, denn die Aufmerksamkeit der Verkäufer war voll und ganz auf die Leute gerichtet, die in der Schlange standen, um endlich ihren Hamburger oder das längst bestellte Hühnchen in Empfang zu nehmen.

Sie saß immer in der hintersten Ecke, vor sich einen Pappbecher mit Kaffee oder Tee, der über Stunden reichen mußte. Zu ihr setzte sich niemand, auch dann nicht, wenn alle Tische besetzt waren. Sie war immer allein.

Als ich mich einmal zu ihr gesellte, schlug mir ein Duft entgegen, der in mir die Sehnsucht nach einem Schnupfen weckte. Ich steckte mir eine Zigarette an und legte die Schachtel auf den Tisch.

Unentwegt schaute sie auf diese Schachtel, bis ich ihr eine Zigarette anbot. Hastig und unbeholfen zog sie sich eine heraus, ohne sich zu bedanken. Ich gab ihr Feuer, wobei sie mich skeptisch anschaute.

Während ich an meinem Kaffee nippte und sie den Rauch ihrer Zigarette gierig einsog, fragte ich mich, ob ich wirklich so dumm war, zu glauben, daß ich allein durch meine Anwesenheit dieser Frau Menschlichkeit entgegenbringen könnte. Ich war so dumm und nippte weiter an meinem Kaffee.

Sie mochte so um die Fünfzig sein, aber das Leben auf der Straße hatte sie mit der Zeit so ausgezehrt, daß ich mich auch nicht gewundert hätte, wenn sie um etliche Jahre jünger gewesen wäre. Ihre dünnen Lippen waren fest zusammengepreßt, und ihre Augen schauten in ein gähnendes, fades Nichts. Ihre Fingernägel waren kohlrabenschwarz, ihre fettigen und ungepflegten Haare hingen in klebrigen Strähnen herunter.

Eine Welle von sinnlosem Zorn stieg plötzlich in mir auf, denn dieses Häufchen Elend, das mir so verstockt gegenübersaß, war in unserer Gesellschaft längst keine Ausnahme mehr. Diese Frau verkörperte eine verzweifelte Anklage, die sich schonungslos an unsere Gesellschaft richtete.

Sie war als Mensch auf die Welt gekommen, doch irgendwann war es ihr nicht mehr erlaubt, als Mensch zu leben. Keine Arbeit, keine Wohnung und nur noch ein paar Mark vom Sozialamt. Ein Zustand, der ihr keine Möglichkeit mehr ließ, ihrem Leben einen Sinn zu geben. Für sie gab es längst kein Ziel mehr, und die Hoffnung auf ein menschenwürdiges Leben hatte man schon vor Jahren in ihr zum Ersticken gebracht. Aber was wird aus einem Menschen, der keine Hoffnung mehr hat? Er hört auf, Mensch zu sein!

Ich habe eine kleine Einzimmerwohnung und weiß, daß eine Wohnung weit mehr ist als nur ein warmer und trokkener Ort. Eine Wohnung ist in unserem Land die Voraussetzung, um sozial leben zu können, denn nur eine Wohnung ermöglicht es, die Menschen einzuladen, die man zu Gast haben möchte. Wer keine Wohnung hat, der kann auch kaum noch menschliche Liebe empfangen, und so ist für einen Obdachlosen der Weg vom Leben in den lebendigen Tod schnell gegangen.

Sie schämte sich so

Mein Gott, dachte sie, die sind ja alle nackt. Hätte sie das vorher gewußt, dann wäre sie nicht mitgekommen. Sie schämte sich so sehr, daß ihr das Blut in den Kopf schoß. »Hoffentlich ist hier niemand, den ich kenne«, dachte sie verzweifelt.

»Hier bleibe ich keine Sekunde länger«, sagte sie zu ihrer Bekannten. Erstaunt über eine derartige Reaktion, schaute diese sie an und meinte, daß heutzutage doch kein Mensch so prüde sein könne.

Sie antwortete nicht, machte nur eine heftig abwehrende Handbewegung und ließ sie einfach stehen. Mit offenem Mund schaute die Bekannte ihr nach und ließ sie gehen.

Allein trat sie nun den Heimweg an, und es war ihr angenehm, daß jetzt niemand bei ihr war. Sie war noch neu in der Stadt, hatte noch nicht das gefunden, was man Freunde nennen konnte.

Als sie dann von jener Bekannten zum Baden eingeladen wurde, sagte sie fröhlich zu. Aber von einem Nacktbadestrand hatte sie ihr nichts gesagt. Ja, es war ihr peinlich, und es würde ihr immer peinlich sein, einen nackten Menschen zu sehen. Sie würde ihren Körper nicht hüllenlos fremden Menschen zeigen. Nur der Mensch, der sie liebte, dürfte sie nackt sehen.

Bedrückt stellte sie fest, daß heutzutage Schamgefühle als eine erbärmliche Schwäche angesehen wurden. Trotzdem war sie froh, daß sie solche Gefühle noch hatte. So merkte sie wenigstens, daß noch nicht alles in ihr tot war. Aber sie fühlte genau, daß sie mit dieser Ansicht ganz allein dastand.

Was treibt den Menschen eigentlich dazu, dachte sie, sich nackt zu zeigen? Sie hatte die leise Ahnung, daß die Mehrheit es nicht aus Überzeugung tat, sondern weil sie über die Jahre hinaus dieser Art von gesellschaftlichem Druck nicht standhielt. Sie konnte sich gut vorstellen, daß die meisten anfangs gar nicht den Mut hatten zuzugeben, daß sie sich schämten. Nein, die meisten hatten ihre Scham überwunden, weil sie nicht mehr in der Lage waren, dem Massendruck etwas entgegenzusetzen. Und so konnte man dann ihre Gefühle vergewaltigen, indem man sie glauben machte, Schamgefühle seien nur in verklemmten und prüden Gestalten zu finden. Auf dem Weg nach Hause wurde ihr richtig klar, daß das eine Lüge war. Dennoch zeigte sie diesen Leuten Toleranz, indem sie sich sagte, daß schließlich jeder eine Macke hatte. Aber ihre Toleranz sank auf den Nullpunkt, wenn man sie wegen ihrer Schamgefühle als prüde und verklemmt bezeichnete.

Sie erinnerte sich an die Schulzeit, die hauptsächlich in den siebziger Jahren stattgefunden hatte. Die sexuelle Revolution war voll im Gange. Sie war gerade in der Pubertät, wußte nicht, was rechts und links war, und glaubte, sie wäre nicht ganz richtig im Kopf, weil sie ihre Schamgefühle nicht unterdrücken konnte. Gott sei Dank wurde ihr dann bald klar, daß nicht sie, sondern die anderen nicht ganz dicht waren. Aber wie viele ließen sich mitreißen, ließen einfach ihre Gefühle abstumpfen, um nur ja nicht in eine Außenseiterposition zu geraten?

Sie atmete tief durch und wurde plötzlich ganz fröhlich. »Nun ja«, dachte sie, »es ist nicht immer schön, ein Außenseiter zu sein. Aber trotzdem bin ich glücklich, weil ich sagen kann: Ich bin, was ich bin, und nicht: Ich bin, was die Gesellschaft aus mir gemacht hat. Ja«, dachte sie, »so soll es auch bleiben.«

Nimm's bitte nicht persönlich!

Eines Abends wollte ich eine Veranstaltung besuchen, die mehr Informationen über Aids versprach. Dabei lernte ich Jochen kennen und unterhielt mich mit ihm. Es waren viele Homosexuelle anwesend, die ernsthafte Diskussionen führten. Als die Veranstaltung sich dem Ende zuneigte, war ich enttäuscht. Etwas Neues hatte ich nicht erfahren. Ich war aber auch schockiert über so manche Aussagen und fragte Jochen: »Denkst du auch so?«

»Nein«, sagte er kopfschüttelnd.

»Na, wenigstens scheinen doch noch ein paar Leute verantwortungsbewußt zu sein«, dachte ich. Ich stand auf und wollte nach Hause gehen.

»Darf ich dich zu einem Bier einladen?« fragte Jochen plötzlich.

Ich überlegte einen Moment und sagte: »Warum eigentlich nicht? Aber bitte nicht hier, denn hier gefällt es mir gar nicht, und außerdem mag ich Wein viel lieber. Zwei Straßen weiter ist ein nettes Weinlokal.«

Jochen lächelte und sagte: »Na dann mal los.«

Während wir zum Weinlokal gingen, fragte ich: »Bist du auch schwul?«

»Ja.«

»Hm!«

»Stört dich das?« fragte er.

»Hm!« machte ich abermals. »Nimm's bitte nicht persönlich! Ich finde es ekelhaft, aber dich finde ich trotzdem ganz nett.«

Jochen blieb abrupt stehen, schaute mich beinahe böse an und sagte bissig: »Wie kannst du mich nett finden, wenn du dich vor Homosexualität ekelst?«

Ich zuckte mit den Achseln: »Das weiß ich auch nicht. Aber wie ich sehe, scheint das eine das andere nicht auszuschließen.«

»Hast du vielleicht 'ne Schraube locker?« fragte Jochen plötzlich lächelnd.

»Das ist natürlich auch möglich«, gab ich zurück.

Im Weinlokal bestellten wir unsere Getränke, und Jochen fragte: »Was machst du eigentlich so?«

»Zur Zeit male ich und verkaufe hin und wieder mal ein Bild.«

»Und davon kann man leben?«

»Manchmal ja und manchmal nein«, sagte ich lächelnd.

Jochen lächelte ebenfalls, und ich stellte ihm die gleiche Frage.

»Rumhängen«, war seine Antwort.

Ich verstand nicht recht und hakte nach. Als Jochen mir dann seine Geschichte erzählte, war ich doch ziemlich betroffen. Er hatte schon vor Jahren sein Studium abgebrochen, lebte nun von Sozialhilfe und Gelegenheitsjobs. Seine Eltern hatten ihn vor die Tür gesetzt, als er ihnen gestand, daß er vom »anderen Ufer« sei. So richtig Fuß hat er in dieser Stadt nie fassen können, und Freunde schien er auch keine zu haben. Wir unterhielten uns noch über dies und jenes, bis ich müde wurde und nach Hause wollte. Ich gab ihm meine Telefonnummer und sagte: »Kannst ja mal anrufen oder vorbeikommen, wenn du Lust hast.«

Die Tage und Wochen gingen dahin, und ich hatte Jochen schon so gut wie vergessen, als eines Tages das Telefon klingelte. Es war Jochen. Er fragte, ob er mal vorbeikommen dürfe.

Als er mir gegenübersaß, sah ich ihn das erste Mal bei Tageslicht. Mein Gott, sah der schlecht aus! Er lächelte mich an und schaute sich dann in meinem Zimmer um.

Ich stand auf und machte Kaffee. Nachdem ich ihm eine Tasse eingeschenkt hatte, fragte ich: »Bist du krank, oder siehst du immer so katastrophal aus?«

»Ich habe gerade eine Lungenentzündung hinter mir. Konnte mich aber noch nicht richtig davon erholen.«

»Hm«, machte ich. »Wird schon werden. Wo wohnst du eigentlich?«

Er sagte es mir.

»Mein Gott, das sind ja die reinsten Rattenlöcher. Daß man sich dort von einer Krankheit nicht erholen kann, glaube ich wohl.«

»Als Sozialhilfe-Empfänger kann man froh sein, daß man überhaupt noch eine Bleibe hat.«

»Stimmt«, sagte ich wohl wissend.

Mit der Zeit kam Jochen immer häufiger. Manchmal, wenn ich zu tun hatte, legte er sich einfach auf mein Bett, las ein Buch oder hörte mit Kopfhörern Musik. Normalerweise macht es mich nervös, wenn jemand bei mir ist, während ich zum Beispiel gerade eine Kurzgeschichte schreiben will. Ich bringe dann nichts mehr zustande. Aber bei Jochen war das anders. Hin und wieder hatte ich sogar den Eindruck, daß seine Anwesenheit noch mehr Ruhe im Raum ausstrahlte.

Einige Wochen später hatte Jochen schon wieder eine Lungenentzündung. Als ich ihn besuchte, erschrak ich dermaßen über sein Aussehen, daß ich richtig zusammenzuckte. Aber Jochen überstand die Krise – bis zur nächsten. Eines Nachmittags kam er zu mir und sagte: »Renate, ich habe Aids.«

Ich nickte nur.

»Du scheinst ja gar nicht überrascht zu sein«, sagte Jochen.

»Naja, irgendwie hatte ich das schon befürchtet. Zwei

Lungenentzündungen in so kurzer Zeit und dazu noch schwul. Paßt doch wie die Faust aufs Auge, oder?«

Jochen schaute mich kopfschüttelnd an. »Manchmal weiß ich nicht, ob ich mich über deine Logik ärgern oder nur wundern soll.«

Ich lächelte nur und fragte: »Wie lange weißt du es schon?«

»Seit gestern.«

»Und wie fühlst du dich?«

»Angst. Lähmende Angst vor dem Tod.«

»Kann ich sehr gut verstehen. Der Tod ist das Schrecklichste, was dem Leben zustoßen kann. Aber es gibt ein Leben danach, Jochen. Glaubst du das?«

»Ich weiß nicht, was ich glaube«, antwortete er. Dann wurde er plötzlich ganz still. »Ich weiß überhaupt nichts mehr.« Ich hörte aus seiner Stimme heraus, daß er noch unter einem gehörigen Schock stand, und hielt es für besser, erst mal meine Klappe zu halten.

Nach einer Weile, sagte er: »Ich kann verstehen, wenn ich nicht mehr kommen soll, denn du ziehst dir oft kleine Verletzungen durch die Anfälle zu. Dadurch vergrößert sich die Ansteckungsgefahr natürlich gewaltig.«

»Na, na, na! Nun bleib mal auf dem Teppich. Solange du meine Wunden nicht leckst, wird schon nichts passieren. Und selbst wenn! Wir kennen uns schon zu lange. Mitgefangen – mitgehangen.«

Jochen starrte mich ungläubig an.

»Kennst du den? Ein Tramper steht auf der Straße und wartet auf einen Lift. Es dauert auch gar nicht lange, und ein Mann nimmt ihn mit. Nach einer Weile bemerkt der Tramper, daß der Fahrer immer wieder zur Flasche greift und schon sturzbesoffen ist. Mit einem Affentempo fährt er eine Serpentine hinunter, und der Tramper zittert um sein Leben. Ein paar Augenblicke später sagt der Fahrer: ›Ach ja, was ich dir noch sagen wollte, ich bin Epileptiker.‹«

Jochen konnte sich kaum halten vor Lachen. Als er sich wieder beruhigt hatte, fragte ich: »Wie geht es dir jetzt körperlich?«

»Eigentlich ganz gut.«

»Prima! Komm! Ich lade dich zum Essen ein. Natürlich gehört eine gute Flasche Wein auch dazu. Wie sagt man so schön: Essen und Trinken hält Leib und Seele zusammen. Das probieren wir jetzt gleich mal aus.«

Abermals mußten wir lachen und verließen meine Wohnung. Während des Essens fragte Jochen: »Gibst du eigentlich von deiner Schreiberei auch mal etwas zum Lesen weg?«

»Die letzte Zeit passiert das immer häufiger. Ich habe mich sogar endlich getraut, ein Manuskript an einen Verlag zu schicken, und warte nun auf Antwort.«

»Darf ich auch mal etwas lesen?«

Ich nickte. Nach dem Essen ging es Jochen wirklich besser. Der erste Schock war von ihm gewichen, und das freute mich. Wir gingen zurück in meine Wohnung, und ich gab ihm ein paar Geschichten von mir zu lesen mit.

Es vergingen ein paar Tage, bis Jochen sich wieder blikken ließ. Er gab mir die Geschichten zurück und sagte: »Das hat mir sehr gefallen.«

Als wir beim Kaffee zusammensaßen, fragte er: »Glaubst du wirklich, daß jeder zu Gott kommen kann, egal, wie er gestrickt ist?«

»Ja, das glaube ich.«

»Glaubst du auch, daß Gott mich mit Aids bestraft hat, weil ich schwul bin?«

»Du meine Güte! Wo hast du denn den Blödsinn her?!«

»Das sagen viele. Besonders Christen.«

Ich schluckte: »Nun, dann sind sie eben doof und unbarmherzig. Warum es gerade dich erwischt hat, kann ich nicht sagen. Nur eines weiß ich: Sünde hat immer Konsequenzen. Wie die allerdings aussehen, ist sehr unterschiedlich. Natürlich ist deine Krankheit die Konsequenz deines Lebensstils, aber dafür bist du und nicht Gott verantwortlich. Ich bin sicher, daß Gott todunglücklich über deinen Zustand ist, und das bedeutet, daß er dich nicht mit Aids bestraft hat.«

»Glaubst du, daß Homosexualität Sünde ist?«

Ich nickte und fragte: »Und was glaubst du?«

»Ich habe in meinem ganzen Leben nicht einen einzigen glücklichen Schwulen kennengelernt. Es gibt keinen, und das liegt nicht nur daran, daß die Gesellschaft uns für unnormal hält, sondern daß wir etwas für normal erklären wollen, was es gar nicht ist. Deshalb gibt es in unserer Szene auch soviel schizophrene Charaktere.«

»Hm!« machte ich nur.

Nun geriet Jochen in einen regelrechten Redeschwall. Er erzählte mir von seinen Eltern, wie er schwul wurde, warum er sein Studium abgebrochen hatte usw. Er redete sich alles von der Seele.

Die nächsten Wochen konnte ich mit Jochen über das Fundament des christlichen Glaubens sprechen, denn er bat mich darum – und er baute darauf. Seine Krankheit schritt natürlich unaufhaltsam fort. Eine Infektion jagte die andere, und mit der Zeit wurde auch sein Gehirn in Mitleidenschaft gezogen. Jochen ging es immer schlechter, und eines Tages fragte er mich, ob ich einen Pastor kannte, der ihn christlich beerdigen würde.

Ich sagte: »Ich kenne mehrere. Gleich morgen gehe ich los und frage sie. Aber ich denke, das dürfte kein Problem sein, denn schließlich glaubst du ja.«

Am nächsten Tag stattete ich gleich einem Pastor, den ich kannte, einen Besuch ab. Als ich ihm von Jochen erzählte und um eine christliche Beerdigung für ihn bat, sagte er doch tatsächlich: »Nein!«

»Wie bitte?!« fragte ich erschrocken.

Das folgende Gespräch machte mich beinahe verrückt vor Wut. Ich glaubte mich ins tiefste Mittelalter zurückversetzt. Homosexuelle und Kirche – dem Pastor fehlte in dieser Beziehung ganz besonders die Barmherzigkeit. Am Ende des Gesprächs war ich so wütend, daß ich seine Kirche in Schutt und Asche sehen wollte und das auch deutlich zu ihm sagte.

Als mich Jochen fragte, wie das Gespräch verlaufen war, sagte ich: »Fehlanzeige. Aber nimm das bitte nicht persönlich!«

»Ich soll das nicht persönlich nehmen? Wie soll ich es denn sonst nehmen, hä?« sagte er böse.

»Überhaupt nicht. Es gibt auch in der Kirche Idioten. Damit müssen wir uns halt abfinden. Aber der Pastor, zu dem ich morgen gehe, wird keine Schwierigkeiten machen. Ich frage mich, warum ich nicht gleich an ihn gedacht habe. Der ist nämlich die Barmherzigkeit in Person.«

Jochen hoffte wieder, und ich war zuversichtlich.

Der nächste Tag verlief sehr vielversprechend, denn der Pastor sagte: »Frau Kauffmann, das ist überhaupt kein Problem. Wenn der junge Mann glaubt, dann hat er ein Recht auf eine christliche Beerdigung. Ich würde nur gern das Abendmahl mit ihm feiern, denn dadurch wird er noch ein ganzes Stück mehr in die Gemeinschaft mit hineingenommen. Das können wir ja irgendwann einmal arrangieren. Was halten Sie davon?«

»Toll! Einfach toll! Ich danke Ihnen erst mal. Mann, was bin ich froh«, sagte ich glücklich.

»Tschüß, bis zum nächsten Mal. Würde mich freuen, wenn Sie mal wieder in den Gottesdienst kommen«, sagte er lächelnd.

»Wenn ich Langeweile habe, komme ich vielleicht mal vorbei«, sagte ich grinsend.

Der gute Mann lachte sich beinahe die Seele aus dem Leib, und ich lachte mit. Er ist sowieso einer der wenigen, die einen fantastischen Humor haben und nicht gleich alles krumm nehmen. Und er kann die Wahrheit vertragen!

Jochen strahlte übers ganze Gesicht, als ich ihm sagte, daß dieser Pastor ihn sogar gern beerdigen würde. Auch die Tatsache, daß er mit Jochen das Abendmahl feiern wollte, machte ihn richtig glücklich.

Einige Zeit danach bekam Jochen einen Hautausschlag, der wirklich nicht schön anzusehen war. Er hatte immer häufiger unerträgliche Schmerzen, und ich befürchtete, daß es nicht mehr lange dauern würde.

»Wenn du dich wieder erholt hast, dann fahren wir eine Woche nach München. Wir brauchen Ablenkung, und außerdem wird es wahrscheinlich deine letzte Reise sein.«

Jochen lächelte. »Das wäre schön. Aber dazu haben wir beide kein Geld.«

»Stimmt, aber meine Freunde haben Geld. Habe mir schon tausend Mark für die Reise geliehen. Fünfhundert von Ursula und die andere Hälfte von Karin.«

Jochen staunte nicht schlecht, und ich war glücklich, daß ich so spendable Freunde hatte.

Jochen erholte sich tatsächlich noch mal. Wir verbrachten eine herrliche Woche in München. Ich glaube, soviel Spaß hatten wir beide schon lange nicht mehr gehabt. Als wir die Rückreise antraten, sagte er: »Es war sehr schön. Danke, Renate.«

»Nichts zu danken! Mir hat es auch Spaß gemacht«, sagte ich und hatte Mühe, meine Tränen zu unterdrücken. Ich spürte, daß es seine letzte Reise war, denn Jochen sah aus wie ein Skelett.

Die letzten Wochen seines Lebens unterhielten wir uns oft über den Tod und die Angst, die er in uns beiden hervorrief. Einmal sagte Jochen: »Eigentlich müßte ich dem Tod doch frech ins Auge blicken können, denn was war mein Leben schon wert? Doch irgend etwas in mir will plötzlich mit aller Gewalt weiterleben. Ist das nicht komisch?«

»Finde ich gar nicht komisch, Jochen. Du hast deinen Glauben an Gott gefunden. Der Glaube ist zuallererst einmal Lebenswille, denn wer nicht leben will, der sehnt sich nach keinem Gott. Ja, bei vielen Menschen ist es zuerst der Wille zu leben, der sie zum Glauben bringt.«

»Aber ich hab früher den Tod nie gefürchtet, und das Leben war mir oft egal.«

»Die meisten Menschen verdrängen den Gedanken an den Tod und meinen dann, daß sie sich nicht davor fürchten. Der Mensch, der an seinen Tod nicht denken will, will leben, hat aber eigentlich eine panische Angst vor dem Tod. Ja, er will leben, wenn auch oft ›mit aller Gewalt‹.«

Wenn die Todesangst Jochen zu sehr in die Zange nahm, sagte ich: »Wenn die Angst ganz schlimm wird, sag dem lieben Gott, daß du das nicht mehr aushältst. Vielleicht kannst du sie dann besser ertragen.«

Meistens half dieser Ratschlag, aber manchmal auch nicht. In solchen Situationen tat ihm Musik gut.

Es war mitten in der Nacht, als ich den Krankenwagen bestellte. Jochen bekam kaum noch Luft und hatte furchtbare Schmerzen. »Schön, daß wir uns kennengelernt haben«, sagte er noch. Dann verlor er das Bewußtsein. Zwei

Stunden später war er tot. Der Vater wurde benachrichtigt, und ich wartete auf ihn, um ihm zu sagen, daß Jochen eine christliche Beerdigung wünschte und ich einen Pastor kannte, der das gerne machen wollte. Als der Vater kam, erzählte ich ihm alles, doch der Vater sagte: »Er wird eingeäschert.«

»Aber das wollte Ihr Sohn nicht«, sagte ich erschrocken.

»Er wird eingeäschert«, sagte der Vater kalt, und ich mußte erkennen, daß jedes weitere Wort überflüssig war. Ich verließ das Krankenhaus und ging zu Fuß nach Hause. Der Himmel war sternenklar. Ich schaute mir diese Pracht an und mußte plötzlich lachen. »Nun wird doch nichts aus deiner christlichen Beerdigung. Aber ich bitte dich: Nimm's bitte nicht persönlich.« Und mir war, als hörte ich Jochen lachen.

Erzählt mir nichts!

Wer kennt sie nicht, die Probleme, die eigentlich keine sind und trotzdem immer größer werden, nur weil man sich mit ihnen einläßt. Mit einem Problem wird man fast immer konfrontiert: Mit dem Gerede hinter dem Rücken anderer Leute.

Wir alle haben schon mal über andere Leute geredet. Mal geschah es aus Unüberlegtheit, mal aus Wut über einen Menschen, der uns irgend etwas angetan hat. Aber ich hoffe, daß danach jeder von einem schlechten Gewissen gequält wurde und es bereute. Es gibt aber auch eine Art, über andere Leute zu reden, die jedes Versagen oder Verhalten des anderen, das uns negativ erscheint, an den Pranger stellt. Kaum etwas verabscheue ich mehr als dieses »Fertigmachen«.

Aber wer mich kennt, der erzählt mir nichts von anderen Leuten, was mich eigentlich gar nichts angeht. Wer mich nicht kennt und mir nicht glaubt, wenn ich sage, daß ich über andere Leute nur das wissen will, was sie mir selbst erzählen, der erlebt sein blaues Wunder, lernt mich kennen und – erzählt mir nie wieder etwas. Wie ich das mache, möchte ich gern schildern.

Eines Tages traf ich Theo in der Stadt, der ein Klatschmaul ohnegleichen ist. Gerade wollte er mir etwas über einen Mann erzählen, den ich kaum kannte, da sagte ich: »Erzähl mir bitte nichts, sonst weiß es morgen die ganze Stadt.«

Ich hatte ihm schon etliche Male so geantwortet, doch er meinte immer nur: »Ach, hör doch auf! Wir sind doch alle keine Engel.« Ich möchte nur gern wissen, was das damit zu tun hatte.

Immer wieder nehmen mich Leute, die mich nicht gut kennen, nicht ernst. So auch Theo. Auch diesmal lachte er nur und erzählte mir ganz im Vertrauen einige Dinge über den Mann. Geduldig hörte ich zu und verabschiedete mich.

Ein paar Tage später besuchte ich eine Veranstaltung in der Gemeinde. Nachher ging ich in den Aufenthaltsraum, um noch ein wenig zu klönen. Der Mann, von dem Theo erzählt hatte, war zufällig auch da. Ich ging auf ihn zu und sagte: »Hallo! Ich habe vor ein paar Tagen Theo getroffen, und er hat mir dies und das über dich erzählt.« Als ich alles ausgeplaudert hatte, schaute der Mann sich wütend um, bis er Theo entdeckte und wie ein Stier auf ihn losrannte. Was er ihm sagte, konnte ich nicht hören; aber Theos Gesichtsfarbe glich der von sauerstoffgebleichtem Toilettenpapier.

Seit jenem Tag erzählte mir Theo nie wieder etwas über andere Leute. Ja, ich kenne keine bessere Methode, den anderen klarzumachen, daß ich nichts über andere hören möchte.

Für einige mag die Art, wie ich mit Theo umgegangen bin, ziemlich hart erscheinen. Nun, ich bin da anderer Meinung. Ich denke, daß ich es lange genug im Guten versucht habe. Und schließlich muß man auch mal an die anderen denken, denn diejenigen, über die schlecht geredet wird, leiden am meisten.

Bekenntnis einer Sozialhilfe-Empfängerin

Warum ich Sozialhilfe beziehe? Ist doch klar! Weil ich ein stinkfauler Hund bin! Allein der Gedanke, irgendwann einmal arbeiten zu müssen, erzeugt in mir Brechreiz. Natürlich stimmt es, daß ich asozial bin, denn ich hasse nicht nur die Arbeit, sondern auch Wasser. Ich stinke.

Auch an meiner Ausdrucksweise wird jeder gleich erkennen können, daß ich zu den Leuten gehöre, die dem Staat auf der Tasche liegen. Ich fluche den ganzen Tag und spucke in jede Ecke. Selbstverständlich habe ich auch mit dem Alkohol Probleme. Wenn ich den ersten Schluck zu mir genommen habe, kann ich nicht aufhören, bis die Flasche leer ist.

Kurzum: An meiner Situation bin ich ganz allein schuld, denn Chancen hatte ich reichlich, aber ich habe nicht eine einzige genutzt.

Sie fragen, ob es mir schwerfällt, von Sozialhilfe zu leben? Nicht die Spur! Mit Sozialhilfe kann man ausgezeichnet leben! Ich weiß manchmal gar nicht, was ich mit dem vielen Geld machen soll. Manchmal überlege ich sogar, ob ich nicht langsam mal ein Haus kaufen sollte.

Was? Ob ich Probleme habe, mich in die Gesellschaft zu integrieren? Wie kommen Sie denn darauf? In Deutschland sind Sozialhilfe-Empfänger doch voll und ganz integriert! Mir mangelt es doch an nichts, und wer in Deutschland genug Knete hat, gehört doch ganz automatisch dazu, nicht wahr?

Wie bitte? Ob ich Probleme hatte, als Sozialhilfe-Empfängerin eine Wohnung zu bekommen? Sagen Sie mal, wo leben Sie denn, daß Sie so eine Frage überhaupt stellen können? Die Vermieter reißen sich doch förmlich um uns, und Vorurteile haben sie schon gar nicht.

Was ich den Tag über mache? Das ist sehr unterschiedlich. Den Tag gestern habe ich zum Beispiel mit einem Typen verbracht, den ich die Nacht zuvor in irgendeiner Kneipe kennengelernt und dann abgeschleppt habe. Sozialhilfe-Empfänger sind äußerst triebhaft. Manchmal lasse ich mich auch einfach vollaufen. Man gönnt sich ja sonst nichts!

Ob ich eine Moral habe oder gar an Gott glaube? Daß ich nicht lache! Wissen Sie, Gott und die Menschen interessieren mich überhaupt nicht. Das einzige, was mich interessiert, bin ich selbst. Alles, was ich tue, ist nur auf meinen Vorteil gerichtet. Sozialhilfe-Empfänger sind halt so. Sie haben keine Moral, und gläubige Menschen sind sie schon gar nicht. Sie lügen und betrügen und gehen über Leichen.

Wie bitte? Sie sind über mein Bekenntnis schockiert und hatten gehofft, endlich mal etwas Positives über uns zu hören? Sie Träumer! Haben Sie etwa geglaubt, daß es unter uns Sozialhilfe-Empfängern auch Menschen gibt, die sehr wohl Moralvorstellungen haben oder gar an Gott glauben und noch dazu versuchen, ihren Glauben zu leben? Nein, mein Guter! Solche Menschen suchen Sie unter uns Sozialhilfe-Empfängern vergeblich.

Ein letztes Mal

Noch einmal dieses wortlose Ergriffensein meiner Seele spüren, wenn ich bete. Noch einmal göttliche Stille atmen, die jede Zerstreuung von außen verhindert und der inneren Sammlung so förderlich ist.

Ein letztes Mal mit aller Kraft an Gott glauben und an die Möglichkeiten, die in diesem Glauben liegen, bevor ich diese Welt verlasse.

Noch einmal die Sonne sehen mit ihrem schüchternen Lächeln. Ja, noch einmal die ersten Strahlen der aufgehenden Sonne begierig einsaugen, weil ich noch lebe. Die Sonne sehen, wie sie langsam untergeht und den Himmel so rot färbt, als wollte sie den Tag für immer verschlucken.

Noch einmal mich am Mond freuen, dieser riesigen Silberscheibe, die ihr blasses Licht so häufig über meine Stadt gießt.

Noch einmal dem milden Abendwind mit leichtem Schritt entgegengehen, ihm grüßend und lachend entgegengehen, bevor er mich für immer wegträgt.

Im Wald spazierengehen, dem Gesang der Vögel lauschen, diesem fröhlichen Gezwitscher, und unter blühenden Bäumen träumen. Das Rascheln der welken Blätter und das Knacken der trockenen Zweige hören und einfach glücklich sein.

Noch einmal das Lachen meiner Freunde hören und dabei in ihre leuchtenden Augen sehen. Ein letztes Mal ihre Liebe spüren und dankbar dafür sein. Noch einmal mich von ihren liebevollen Blicken umfassen lassen und ihnen dabei frech die Zunge herausstrecken.

Noch einmal den Tag in vollen Zügen genießen, damit er wie ein glückliches Leben zu Ende gehen kann.

Verliebt und eifersüchtig

Als er mich anrief und fragte, ob ich Lust hätte, den Sonntag mit ihm zu verbringen, machte mein Herz einen derartigen Freudensprung, daß es mir für einen Moment die Sprache verschlug. Doch schnell hatte ich mich wieder gefangen und antwortete so gleichgültig wie möglich, daß er kommen könne.

Ich war gerade ein paar Tage aus London zurück und hatte eigentlich vor, nach Schweden zu fahren. Aber ob ich ein paar Tage früher oder später fuhr, war egal. Nachdem ich den Hörer aufgelegt hatte, mußte ich mich erst mal aufs Bett legen. Ich erinnerte mich daran, als wir uns das erste Mal trafen. »Warum tragen Sie keinen Ehering?« hatte ich ihn damals gefragt. Ich war gerade unterwegs nach Schweden, als er mich mitnahm. Monate später begegneten wir uns wieder auf der Autobahn. Es regnete in Strömen, als ich total durchnäßt und stinksauer auf einen Lift wartete. Ich dachte, mich trifft der Schlag, als ich die Wagentür öffnete und in sein Gesicht sah. Doch dann fragte ich wütend: »Sie öffnen wohl nur bei Sonnenschein die Beifahrertür, was?!«

Als wir uns das erste Mal getroffen hatten, war es nämlich Sommer gewesen, und der Herr war so höflich, die Beifahrertür zu öffnen. Bei Regen sah die Sache also ganz anders aus. »Nun schnauzen Sie mich doch nicht gleich so an und kommen Sie endlich rein«, sagte er. Wenigstens brachte er mich damals bis vor die Haustür, und damit fing alles an.

Wie ein Film liefen diese Bilder noch einmal an meinem geistigen Auge vorbei, und ich fragte mich: »Liebe ich ihn?« Ich wußte es nicht. Aber daß sein Anruf eine so große Wirkung auf mich hatte, wunderte mich schon sehr, denn so etwas hätte ich nie für möglich gehalten.

Endlich kam der Sonntag, und ich ertappte mich dabei, daß ich doppelt soviel Zeit wie sonst im Bad zubrachte. Ich wurde rot und ärgerte mich maßlos darüber. Als er in der Tür stand, sagte ich: »Du bist schon da? Ich habe noch gar nicht mit dir gerechnet.« Jede Minute hatte ich bis zum Zerreißen mit ihm gerechnet.

Kaum hatte er Platz genommen, plapperte ich unaufhörlich drauflos, ohne zu wissen, was ich sagte, ohne zu hören, was er antwortete, ohne irgend etwas wahrzunehmen außer seiner Gegenwart. Meine Unsicherheit war durch diesen regelrechten Redeschwall nicht zu übersehen.

Plötzlich hatten wir Lust auf eine Tasse Kaffee, und er wollte auch gern ein Stück Kuchen dazu. Wir zogen uns etwas über und gingen zu dem kleinen Bäckerladen, der auch sonntags für zwei Stunden geöffnet hatte. Gerade als wir den Laden betreten wollten, kam uns eine Frau entgegen, die er zu kennen schien. Beinahe stürmisch begrüßte sie Bastian, wobei sie meine Gegenwart überhaupt nicht wahrnahm oder nicht wahrnehmen wollte. Bastian stellte mir Monika vor, doch ich hörte ihren Namen nur aus weiter Ferne. Das einzige, was ich deutlich empfand, war ein äußerst heftiger Eifersuchtsstich. Bastian und »diese blöde Kuh« wechselten ein paar Worte, und während sie das taten, entdeckte ich plötzlich eine Cola-Dose vor meinen Füßen. Ehe ich mich versah, schnellte mein Bein nach vorn und fegte die Dose mit einem heftigen Fußtritt weg. Wie ein Geschoß knallte sie gegen die Mauer des Bäckerladens, und ich spürte die Erleichterung, die das in mir hervorrief.

Verwundert schaute Bastian mich an. Ich lächelte nur. Ob er diese Reaktion richtig interpretiert hatte? Vielleicht, denn er verabschiedete sich von Monika mit der Entschuldigung, daß wir beide noch etwas vorhätten. Monika schaute mich giftig an, was in mir ein Gefühl des Triumphes hervorrief. Als diese »jämmerliche Kreatur« endlich außer Sichtweite war, stellte sich Bastian breitbeinig vor mich hin und sagte: »Sie ist ›nur‹ eine ehemalige Arbeitskollegin.« »Wieso? Hab' ich was gesagt?« antwortete ich mit einer so unschuldigen Miene, daß Bastian laut loslachen mußte.

»Ein schöner Tag, nicht wahr?« sagte er, während wir bei Kaffee und Kuchen zusammensaßen. Seine Stimme traf mich auf eine Weise, die mich erröten ließ, und ich schaute an mir herunter, damit er das ja nicht bemerkte. Oh, warum mußte ich nur so oft rot werden? Jede auch noch so kleine Gefühlswallung ließ mir das Blut in den Kopf steigen, und ich ärgerte mich jedesmal schwarz darüber.

Ich schwieg und gab mir Mühe, seine Aufmerksamkeit tunlichst nicht zu erregen. Immer dieselbe Geschichte! Wenn es um Gefühle ging, ja ganz besonders um Gefühle, die man mir entgegenbrachte, reagierte ich beinahe panisch. Da konnte man machen, was man wollte. Ich konnte mich auf dem Boden wälzen und laut um Hilfe schreien, doch das alles würde nicht bewirken, daß die ängstliche Verwirrung, die der Mann seit einiger Zeit in mir hervorrief, sich legte. In solchen Momenten wünschte ich mir einen Anfall herbei, aber leider bekam ich ihn immer nur dann, wenn ich ihn nicht gebrauchen konnte.

Der Sonntag ging dem Ende zu, und für Bastian wurde es Zeit, sich zu verabschieden. »Wir sollten uns öfters sehen«, meinte er.

»Das geht nicht, ich bin ja die meiste Zeit im Ausland. Ich wüßte auch keinen Grund dafür«, sagte ich barsch.

Wieder so eine blöde Abwehrreaktion, die es nicht zulassen wollte, seine und meine Gefühle einfach zuzulassen.

»Du weißt keinen Grund?!« rief er beinahe wütend und stand auf. »Ich werde dir nun mal einen zeigen!« Er zog mich an sich und küßte mich.

»Schöne Scheiße«, dachte ich im ersten Moment, doch dann gab ich mich diesem atemberaubenden Gefühl einfach hin. Aber schon wenige Augenblicke später stieg Angst in mir auf, und ich befreite mich aus seiner Umarmung.

»Ich glaube, es wird Zeit für dich zu gehen.«

»Das glaube ich auch. Kann ich dich nächstes Wochenende wiedersehen?« fragte er.

»Ja, aber nun geh endlich«, sagte ich.

Als er gegangen war, fragte ich mich abermals: »Liebe ich ihn?« Panik stieg in mir auf, und schnell holte ich Papier und Bleistift hervor.

»Lieber Bastian,
nimm mir das bitte nicht übel, was ich dir jetzt schreibe, aber ich kann nicht anders. Wir sollten uns nicht wiedersehen! Ich bin doch noch so jung, gerade erst sechsundzwanzig und habe noch so viele Flausen im Kopf. Für eine Bindung fühle ich mich einfach noch nicht reif genug. Ich muß in die Welt hinaus, aber du mußt in Deutschland bleiben. Unter diesen Umständen kann ich unmöglich eine Perspektive für uns erkennen. Alles, alles Liebe!

Deine Renate.«

Ich ging hinaus, steckte den Brief in den Kasten und ging wieder in meine Wohnung, um meine Sachen zu packen.

Tot sein und tot bleiben

Er hatte sein Leben regelrecht verschlafen, bis zu dem Tage, an dem man ihm mitteilte, daß er schwer krank sei und nicht mehr lange zu leben habe. Da erwachte er, denn der Gedanke ans Sterben riß ihn förmlich aus dem Schlaf, obwohl sein Wachsein eher einem Schockzustand glich.

Auf dem Heimweg, nahezu endgültig gewiß, daß er niemals gelebt hatte, daß er irgendwie den falschen Weg gewählt hatte oder in einer verkehrten Welt sein Dasein führte, lachte er über die Ironie des Schicksals. Er kam sich regelrecht vertrieben vor, denn niemand hatte ihn gefragt, ob er noch bleiben wollte.

Zu Hause angekommen, weinte er bitterlich, und als er sich ausgeweint hatte, merkte er, daß er das erste Mal in seinem Leben Tränen vergossen hatte.

Stumm saß er da und konnte das alles gar nicht fassen. Daß auch sein Leben mal zu Ende gehen mußte, daran hatte er nie gedacht. Plötzlich spürte er, daß er keineswegs so stark war, wie er sich immer gefühlt hatte. Der Tod war immer der Stärkere.

Nachdenklich zog er Bilanz, und mit Entsetzen mußte er sich eingestehen, daß sein Leben, das er seit dreiundvierzig Jahren geführt hatte, eine einzige Farce gewesen war. Ihm wurde klar, daß er schon lange vor seiner Krankheit gestorben war. Es war ein langsamer Tod, den er erlitten hatte. Ja, er war schon lange tot.

Doch jetzt, als zum ersten Mal wieder richtiges Leben in ihm aufflackerte, als er wach war und fühlte, da klopfte der endgültige Tod an seine Tür.

Angst überkam ihn, denn er hatte den Tod immer nur als eine Tatsache der »anderen« Menschen akzeptieren können. Vor der Endgültigkeit seines Lebens, vor seinem eigenen Totsein und Totbleiben zitterte er. Für ihn war tot tot, er glaubte nicht an Gott und schon gar nicht an ein ewiges Leben nach dem Tode. Er lachte alle aus, die an Gott glaubten. Aber was noch schlimmer war: Er lachte Gott aus.

In seinem Leben hatte er sich praktisch vorwärtsgequält. Sein Medizinstudium hatte er durch nächtliche Taxifahrten finanziert. Ja, geschenkt wurde ihm nichts. Sein Examen bestand er mit Auszeichnung, und nicht lange danach wurde ihm der Doktortitel verliehen. Er wurde ein hervorragender Internist, seine Fachkraft war überall gefragt, denn er war nicht nur ein Spezialist, er war ein regelrechtes Genie auf seinem Gebiet. Das jedenfalls war die Meinung seiner Kollegen. Die Patienten wurden nicht gefragt.

Der Tod war für einen Arzt wie ihn etwas Alltägliches. Patienten wurden halt nicht immer gesund, sie starben auch hin und wieder. Aber darüber konnte man als Arzt natürlich nicht nachdenken und außerdem: Was kümmerte ihn das schon! Er behandelte ja keine Menschen, sondern Patienten, die mit Organen bestückt waren, wovon eines oder gar mehrere von Krankheiten befallen waren, und die es wiederherzustellen galt. So jedenfalls verlangte es das Gesetz.

Trost konnte er einem Kranken nicht geben, ja, er konnte überhaupt kein menschliches Gespräch mit ihnen führen. Es war die Milz oder die Leber, die ihn beschäftigte. Alles andere interessierte ihn nicht. Bestand für einen Patienten keine Hoffnung mehr, dann teilte er es ihm ohne mit der Wimper zu zucken mit, und der Fall war erledigt. Schließlich war er Arzt und kein Seelsorger, und was konnte er einem Sterbenden schon sagen?

Das alles wurde ihm jetzt bewußt. Ihm wurde endlich klar, daß er trotz seiner fachlichen Kompetenz als Arzt versagt hatte. Als Arzt und Mensch. »Fachidiot«, dachte er bitter. Aber nun war er sterbenskrank und wußte nicht, bei wem er sich aussprechen konnte. Der Arzt, der ihm die Diagnose mitgeteilt hatte, war alles andere als mitfühlend; er war sein Ebenbild. Nun erkannte er, daß kaum ein Mediziner mehr in der Lage war, sich menschlich mit seinen Patienten zu befassen.

Wohin konnte er jetzt noch gehen? Seine Frau hatte sich schon vor Jahren von ihm scheiden lassen. Freunde hatte er nicht. Er war allein.

Flut deiner Liebe

Flut deiner Liebe
reißt mich fort,
bleibe still und warte,
bis sie mich wegträgt zu dir.

Flut deiner Liebe
peitscht sich zu meinem Herzen,
lasse mich treiben,
lasse mich tragen.

Flut deiner Liebe,
nimm mich,
hier bin ich.

Flut deiner Liebe,
bleib,
geh nicht fort,
halt mich fest,
du,
mein Gott!